Domenico de Simone

FAZ

Zone di Autonomia Finanziaria

(Un'altra moneta)

ISBN 978-1-4466-8257-9

Prima edizione 2003 Malatempora Editrice

Seconda edizione 2011 © Creative Commons

Sommario

I. PREFAZIONE

La prima edizione di questo libro è stata pubblicata nel 2003 per i tipi della Malatempora, la casa editrice di Angelo Quattrocchi, amico, anarchico e rivoluzionario vero. Cose si dice oggi, Angelo era rivoluzionario *"dentro"*, in ogni suo pensiero, attività, sogno. Questa seconda edizione è dedicata a lui. Purtroppo Angelo ci ha lasciati prematuramente due anni fa e la sua scomparsa ha condannato a morte anche la casa editrice che aveva fondato e che senza di lui non ha avuto la possibilità di proseguire. Tuttavia il suo spirito è sempre presente, poiché questo libro e queste idee non avrebbero probabilmente mai veduto la luce senza di lui. Angelo è stato l'unico editore che ha avuto il coraggio di pubblicare i miei libri, che devono moltissimo ai suoi suggerimenti ed ai suoi consigli. E soprattutto alla sua grande capacità di editor.

Ho deciso di stampare una nuova edizione poiché le copie cartacee della prima edizione sono praticamente esaurite ed ho avuto molte richieste da più parti.

Da qualche tempo si sta diffondendo nella società la coscienza che esiste un potere finanziario che domina l'economia e la società. E la ricerca di un'alternativa ragionevole a questo sistema si sta facendo sempre più pressante. Ho deciso così anche di chiamare questo libro con il nome che originariamente gli avevo dato, ovvero FAZ, poiché l'obiettivo del libro è descrivere un'alternativa al sistema economico fondato sul debito che ho chiamato Financial Autonomous Zone, Zone di Autonomia Finanziaria.

È questo il punto nodale, descrivere un percorso possibile di uscita dall'oppressione finanziaria che ha asservito a sé l'umanità intera rovesciando i valori. Il capitale finanziario e l'interesse sono al primo posto della gerarchia, gli umani stanno all'ultimo posto. Lo scopo della società è diventata la riproduzione del capitale finanziario, non quella degli umani. Termini come felicità, amore, solidarietà, cultura, coscienza, non hanno alcun significato economico oppure rappresentano dei costi, e come tali vanno ridotti, tagliati, eliminati. Il senso di insoddisfazione degli uomini è cresciuto al punto di diventare disgusto, e cambiare strada è diventato un imperativo. La FAZ vuole indicare una strada.

La FAZ ha l'apparenza di una proposta tecnica e pratica, ma si tratta solo di apparenza perché in realtà affonda le sue radici in un retroterra filosofico e culturale alquanto articolato.

Il punto forse più qualificante del progetto FAZ è proprio il meccanismo di interazione per la sua diffusione. Spesso in conferenze ed altri scritti sia io che i miei collaboratori abbiamo parlato della FAZ come di un meccanismo virale, un virus che si installa nell'organismo malato della società e la trasforma.

Partiamo dalla constatazione che il "materiale umano" nella nostra società è quello che è, ovvero è intriso di cultura del denaro, avidità, egoismo e prevaricazione. Viviamo nella società del potere e del denaro e questo è ciò che abbiamo. La società è dominata dal pensiero della scarsità, che ha uniformato a sé le strutture sociali e l'ambiente. Il pensiero della scarsità presuppone che le risorse sono sempre limitate e che c'è necessità di un potere che ne gestisca la distribuzione. Farlo nel modo più equo possibile è l'essenza del buon governo. La stessa economia è definita la scienza della scarsità in tutti i manuali che la presentano: dove c'è abbondanza di risorse non c'è economia, i beni non hanno un prezzo.

Questa definizione nasce da una visione positivista del mondo: gli uomini sono i soggetti agenti della trasformazione di un mondo posto (*positum*) oggettivamente di fronte a loro. Conflitti, egoismo e potere trovano qui la comune radice, nella percezione della inevitabile scarsità delle risorse.

Il rovesciamento di questa logica consiste nel considerare gli uomini stessi come risorsa. È l'effetto della nuova visione dell'universo indotta dalla fisica quantistica. L'universo è in sé inconoscibile, sono gli uomini che osservandolo lo trasformano. La separazione tra soggetto e oggetto diviene, in questa prospettiva, priva di significato. L'Essere è uno, per dirla con Parmenide, e la molteplicità è un'illusione della nostra mente. La coscienza consiste nella comprensione delle infinite opportunità che la conoscenza di sé può generare.

Se le risorse sono negli uomini è evidente che esse sono illimitate. La dimostrazione di questo assunto è riportata nel capitolo V, come un corollario della generale dimostrazione proposta da Tipler sulle risorse dell'universo. Questo assunto è il presupposto sul quale si fonda l'economia dell'abbondanza.

Viviamo in questo momento immersi in una contraddizione fondamentale: da un lato la cultura dominante è sempre quella della scarsità, dall'altra è evidente intorno a noi che la produzione è sempre eccedente e che le crisi non dipendono da un eccesso di domanda ma semmai da un eccesso di offerta di beni.

C'è una percezione diffusa di un mondo in cui tutti potrebbero vivere agiatamente, percezione sostenuta dal mondo dei media, poiché l'abbondanza è divenuta raggiungibile. Non è più il sacrificio la via della salvezza individuale, sacrificio che nasceva per solidarietà nei confronti degli altri membri della comunità e che trovava la sua fonte nella considerazione che senza solidarietà e coesione sociale l'individuo era perduto.

Ora, questa logica ha un senso in una società che fonda la propria economia sulla scarsità delle risorse, ma non ne ha alcuno se le risorse sono sovrabbondanti. Perché sacrificarsi se le risorse sono non solo sufficienti per tutti ma eccedenti rispetto alle necessità?

Questo concetto non è ancora emerso con chiarezza nella coscienza collettiva, tuttavia esso è ben presente e dispiega comunque i suoi effetti. Intendo dire che la diffusione dell'abbondanza delle merci, che è palese per tutti quelli che vivono in Occidente, fa sì che la gente sia sempre meno disposta a sacrificarsi. È altrettanto palese che non dipende più dal sacrificio individuale la salvezza di ciascuno né quella della società. Qui c'è un punto interessante: è proprio l'abbondanza evidente, apparentemente raggiungibile e invece per molti puramente illusoria, perché la gestione della distribuzione attraverso il denaro è ancora dominata dalla logica della scarsità, a generare un allentamento dei vincoli etici nella società. La cultura dell'illegalità viene da questa contraddizione tra una visione tuttora perpetuata della cultura della scarsità e l'evidenza della produzione dell'abbondanza.

La produzione immateriale ha rotto gli argini e gli steccati della cultura della scarsità. È intuitivo per chiunque che non ci sono limiti alla produzione di beni immateriali. È questa la ragione per cui il conflitto sul copyright e il movimento dell'Open Source sono così diffusi ed ottengono tanto consenso. Per Marx la proprietà della terra e delle macchine è un furto, per i giovani ancor di più lo è la proprietà della musica o del software.

In questo brodo culturale, occorre riuscire a cambiare la testa a gente che è bombardata continuamente da messaggi contraddittori, come ad esempio quelli sul debito pubblico, a volte presentato come una jattura, altre come una opportunità. Cambiare la testa agli uomini non è semplice. Marx pensava che la coscienza di classe si formasse in fabbrica, per la via della evidenza della comune condizione di sfruttato che ciascun operaio riscontrava nei suoi compagni. La diffusione di questa coscienza era quindi favorita dalla stretta vicinanza degli operai. Per questa ragione gli operai erano potenzialmente rivoluzionari, mentre i contadini, parimenti sfruttati ma impossibilitati a riconoscere il proprio sfruttamento rispecchiandolo in quello degli altri, lo erano in misura minore.

Questa analisi, che ha agitato il mondo comunista per decenni e prodotto anche un paio di guerre tra Urss e Cina, oggi non ha praticamente più alcun significato. Nel mondo anglosassone il fordismo ha generato, a partire dal secondo dopoguerra, una cultura dell'invidia e della competizione per il possesso dell'autovettura con cinque cavalli in più, o della casetta a schiera con l'erba del giardino più verde. L'agiatezza raggiungibile è stata per il cambiamento un motore formidabile sostenuto dalle illusioni proposte dalla televisione e dalla pubblicità. Il marxismo nasce in un ambiente culturale positivista e si è mosso essenzialmente in una logica di scarsità, anche se molte pagine dei Grundrisse, ad esempio, o dei Manoscritti del 1844 possono ancora dare molto al pensiero, ma questa è un altro argomento.

La coscienza si forma oggi, nel mediatico, e internet è divenuto il luogo dove questa coscienza si può formare in modo critico, quello che un tempo era il compito delle scuole di partito. Internet rappresenta la vera svolta per la costruzione di un'alternativa alla società del denaro.

Tuttavia, occorre sempre cambiare la testa agli uomini e la questione si pone daccapo: come farlo? La via di Pol Pot di tagliare la testa a tutti quelli che ce l'avevano formata, per fare l'uomo nuovo dai ragazzini tredicenni che spediva a fare guerriglia, non sembra né funzionale né praticabile, oltre ad essere oltremodo disgustosa.

La via della formazione dell'etica individuale "altruista" è quella seguita dalle chiese. L'effetto sono le guerre di religione ed un controllo ferreo sui comportamenti tramite la colpa ed il pentimento. Ne segue la necessità del sacrificio individuale per il bene collettivo, appunto, nell'ambito della cultura della scarsità.

Quindi, l'alternativa per la realizzazione dell'*homo novus* è quella di partire dal suo essere reale, dalla sua natura e utilizzarla per indurlo a tenere comportamenti socialmente utili. In fondo, l'idea non è molto distante dalla "mano invisibile" di Smith, solo che qui lo Stato, o meglio la comunità, ha un ruolo essenziale nel disegnare l'ambiente più adatto affinché la mano invisibile possa essere efficace. L'idea mi è venuta dallo studio della teoria dei giochi, per la quale un comportamento cooperativo è più conveniente a livello individuale di uno egoistico (cfr le considerazioni su Axelrod in Un'altra Moneta). Se è così, tra le varie opzioni nella scelta dei nostri comportamenti, esiste sempre un'alternativa che realizza questo assunto. Se il mondo è creato dalla nostra visione di esso, esisterà sempre una diversa visione che generi abbondanza, qualunque sia il bene o l'organizzazione di beni oggetto di interesse.

Se prendiamo ad esempio la necessità di soddisfare il bisogno trasporto, è ovvio che le automobili non possono adempiere al compito di garantire un trasporto individuale soddisfacente per tutti. Un mondo con oltre 7 miliardi di automobili è impensabile, e oltretutto il trasporto si paralizzerebbe. Quindi l'automobile in sé, che è uno strumento di trasporto pensato in una logica di scarsità e di esclusione, non è una soluzione. Tuttavia esistono diverse possibili soluzioni che possono conciliare le esigenze strettamente individuali con quelle collettive, ma è necessario uscire dalla logica del profitto che è alla base della produzione delle automobili per vederle.

Il compito della società, e quindi della FAZ, è di realizzare un ambiente in cui le scelte cooperative che realizzano nel modo migliore il fine individuale sono favorite, e soprattutto appaiano evidenti.

Il denaro a tasso negativo è una di queste tecniche. Il problema è che il denaro a tasso negativo rompe il legame millenario che rende sopportabile l'archetipo della paura di morire. Il denaro rappresenta la sicurezza del futuro e più se ne accumula maggiore diventa questa sicurezza.

Con il denaro, che è l'astratta rappresentazione del necessario per vivere, gli uomini estendono la loro conoscenza nel tempo prevedendo il futuro e ridisegnando il passato. Come nota giustamente Severino, questa capacità o potenza di previsione è la fonte del nichilismo dell'Occidente. Allo stesso tempo essa è all'origine della natura metafisica del denaro, che si fa dio perché garantisce a chi lo possiede in grande quantità, un grande numero di anni di sopravvivenza, e a chi ne possiede in quantità infinita, garantisce l'immortalità. L'interesse sul capitale, che è lo strumento attraverso il quale il capitale cresce indefinitamente, è percepito come il veicolo per raggiungere l'immortalità. L'anima non serve più se hai capitale a sufficienza, così come non serve più l'intermediazione di nessuno (sciamano o prete che sia) per ottenere l'illusione dell'immortalità. Il capitalismo è ateo perché è esso stesso un dio.

Il tasso negativo rompe, quindi, questo archetipo ed è questa la ragione per cui, al di là di ogni altra considerazione, ritengo essenziale introdurlo insieme al Reddito di Cittadinanza che restituisce sicurezza a ciascuno ma in una dimensione di fiducia collettiva. Da questo punto di vista, il RdC rafforza i comportamenti socialmente cooperativi, poiché senza uno sforzo comune è impossibile realizzare la distribuzione di RdC.

Tornando al tasso negativo, l'unico modo per farlo accettare, oltre ad accompagnarlo con il RdC, consiste nel dimostrarne l'utilità per tutti senza doverne necessariamente spiegare la natura. Ogni FAZ deve essere pensata come uno strumento che genera comportamenti solidali, indipendentemente dalla volontà e dal reale grado di coscienza dei suoi membri. Saranno poi questi comportamenti solidali a generare coscienza solidale. L'essenziale è che il comportamento, che viene percepito da ciascuno come essenzialmente egoistico, comporti un effetto socialmente rilevante.

La semplice accettazione del denaro a tasso negativo ha questo effetto. Da un lato, infatti, questo comporta vantaggi per tutti i soggetti che lo usano (vedi le Faq in calce), e dall'altra comporta la possibilità di erogare RdC e di confinare il denaro di debito nella trappola della liquidità. La cosa interessante, ma anche la più difficile da praticare, è che per usare il denaro a tasso negativo non è affatto necessario che la gente capisca tutti gli effetti di esso, così come per usare un telefonino non è necessario avere nozioni di microelettronica o di matematica superiore.

La FAZ è uno strumento duttile, che può nascere anche per determinate categorie di scambio e poi trasformarsi o rinascere per svolgere una differente funzione, anche più generale. Non ha affatto bisogno di un potere per essere gestita, e nemmeno di un territorio, poiché la maggior parte della produzione è fatta di beni immateriali. In un certo senso, la comunità open source è potenzialmente una FAZ, poiché è un luogo in cui ciascuno cede la propria attività gratuitamente agli altri ricavandone però un tornaconto personale.

La via per arrivare a costruire una FAZ passa attraverso il rovesciamento del modo di vedere l'universo, un rovesciamento che mette al centro l'individuo come creatore. La mia esperienza personale viene dal movimento del '68 e dall'illusione che la politica potesse allora davvero trasformare il mondo. In effetti, molto è stato fatto grazie a quel movimento, soprattutto sul piano dei rapporti individuali che, visti a posteriori, sono essenziali perché si generino diversi rapporti sociali. La mia esperienza politica è naufragata nel lontano 1975 sullo scoglio di una paradossale espulsione dal Manifesto per "frazionismo", un'espressione – temo ormai incomprensibile – con cui si denunciavano attività incompatibili con il principio del Centralismo Democratico, che era un modo ampolloso per definire il potere di controllo dell'élite di potere sul partito. Il paradosso consisteva nel fatto che il Manifesto era nato proprio dalla contestazione di questo principio e che applicarlo equivaleva a sconfessare tutta l'esperienza e l'idealità espressa dal movimento.

Il percorso che poi ho seguito è stato alquanto tortuoso, poiché dovevo liberarmi di anni di studi e di pratica marxista, il che però, non comportava liberarsi di Marx, quanto piuttosto di Lenin, Trotskij, Mao, Stalin e tutta la retorica pseudomarxista che questi gestori del Centralismo Democratico e delle logiche di potere portavano con sé. Per questa ragione ho iniziato un lungo percorso nel pensiero filosofico a ritroso nel tempo, ripartendo da Feuerbach Fichte ed Hegel, e soprattutto dalla critica di Heidegger a Parmenide e Nietzsche. In questo la lettura di Severino, che insiste monotonamente sull'Unità dell'Essere e sul nichilismo dell'occidente (e dei suoi abitatori) in tutte le sue opere è stata per me di grande importanza. A forza di arrampicarmi sui capelli di questi giganti del pensiero sono riuscito ad arrivare a capire cosa intende Parmenide con la necessità di superare la porta del sentiero di Aletheia, quello che conduce all'Unità dell'Essere.

Tutto quello che ho scritto dopo, è il tentativo di descrivere i pochi passi percorsi su quel sentiero.

II. INTRODUZIONE

L'umanità che partecipa al Movimento è la più varia e composita. Operai, impiegati, studenti, contadini, cococò, autonomi, disoccupati, imprenditori di sé stessi e di altri, negozianti, preti, missionari, suore, giornalisti, fotografi, professionisti, attori, eccetera, eccetera. Credo che il movimento riassuma in sé tutto lo spaccato della società civile, con preponderanza di alcune figure professionali, ma con la presenza della maggior parte di quelle che ci possono venire in mente.

Che cosa hanno in comune tutte queste persone? Molte cose, ma con certezza possiamo dire che avversano il modo di vivere cui le costringe la società del profitto. Che, insomma, il profitto come fine dell'esistenza è l'avversario, è ciò che lega l'opposizione contro questo sistema di tutti quelli che a Genova come a Firenze, a Seattle come a New York, a Porto Alegre come a Praga, ci sono andati con i piedi e di tutti quelli che ci sono andati con il cuore.

Un'altra cosa hanno in comune queste persone: che non vogliono un nuovo ordine.

Il movimento comunista lottava per imporre l'ordine comunista su quello capitalista. Potere contro potere, con il relativo corollario di potere giusto contro il potere ingiusto e sofismi aggregati a supporto di tale contrapposizione.

Come la *democrazia* delle società borghesi, dietro alla quale si nasconde il potere del denaro, o la *liberazione delle masse* del socialismo reale, che nasconde il potere delle burocrazie della pianificazione.

Il Movimento non ha un ordine da imporre e nemmeno da proporre. Ciascuno pensa al suo ordine, se ne ha voglia e tempo. Certamente tutti vogliono una società pluralista, però universale, nella quale le specificità locali ed etniche siano tutelate e non mortificate, in cui tutti abbiano opportunità adeguate di farsi valere, senza che questo significhi la morte di chi non ce la fa. Una società solidale e ricca di umanità.

Ecco, fermiamoci su questo punto.

Ho usato un termine, "*ricco di umanità*", che ci riporta al concetto di ricchezza ed all'economia.

Una società nuova è una società in cui la ricchezza è l'umanità e non il denaro, la solidarietà e non il profitto, il benessere spirituale *insieme* con quello materiale.

Dico *assieme*, perché le due cose non sono affatto contraddittorie ed è ipocrita contrapporle, così come è falso dire che il benessere spirituale è possibile solo se si rinuncia a quello materiale. Perché questo ragionamento ha il falso presupposto: che la ricchezza sia possibile solo con il profitto. Questo è il paradigma di una società con risorse scarse, in cui il ricco è colui che ha sottratto molte risorse alla collettività. Questo paradigma è falso. Ci sono molte risorse, sufficienti per tutti, ed altre sono nascoste e possono e debbono essere sollecitate in maniera appropriata.

Il paradigma della scarsità ha come corollario un sistema di accumulazione che si fonda sul profitto e sull'interesse. Più i capitali sono scarsi maggiore è il tasso di interesse che essi richiedono perché maggiore è il rischio. L'usura della finanza si ammanta di eticità nascondendosi dietro il paravento dell'utilità collettiva di un corretto uso di risorse scarse.

La rapina della natura operata dal capitalismo nasce proprio nella logica del profitto e dell'usura che attribuisce un valore solo a quelle cose che sono scarse e, di conseguenza, tende a far diventare tutto scarso allo scopo di poterlo monetizzare

Esemplare è quello che sta accadendo per l'acqua, che viene sistematicamente inquinata allo scopo di renderla preziosa e quindi assoggettabile al dominio del capitale monetario.

E pensare che viviamo nel pianeta azzurro, così detto proprio perché è ricchissimo di acqua! Noi abbiamo la capacità di usare le risorse senza distruggere il mondo e la natura, anzi rispettandola e valorizzandola al massimo, al contrario di questo sistema nel quale la rapina e la distruzione della natura sono un elemento essenziale per generare il profitto e alimentare l'usura.

In realtà, oggi, disponiamo di risorse materiali in abbondanza, e di risorse immateriali illimitate. Un noto cosmologo e fisico, Frank Tipler, sostiene che le risorse, sono illimitate sul piano fisico, nel senso che sono sempre sufficienti per ciascuna unità vivente nel tempo della sua vita [1].

Con le nostre tecnologie avremmo la possibilità di rendere del tutto automatici processi di produzione che rendono schiavi gli uomini che ci sono addetti.

Paradossalmente, poiché quel lavoro rappresenta la vita di molte persone, difendiamo un lavoro che è di per sé uno strumento di schiavizzazione, invece di batterci per farlo scomparire. E' l'equivoco che è contenuto nel diritto al lavoro, che rovescia il senso dell'esistenza. Il lavoro semmai è un dovere, che si risolve in ricchezza se è libero. Il lavoro sotto la costrizione di non poter vivere senza, è una schiavitù e basta.

Dire che la ricchezza è quella che nasce dallo spirito umano esprime un pensiero comune a molti. La cosa paradossale è che questo pensiero non si coniuga, poi, con comportamenti conseguenti. La ricchezza, in questa società, è data solo dal denaro, e il denaro cresce solo sul profitto. Di conseguenza la ricchezza è il profitto.

Nell'accezione corrente in economia, si fa riferimento per definire la ricchezza al concetto di scarsità. Un bene è tanto più prezioso in quanto è scarso, ed è questa la ragione per cui l'oro vale molto di più dell'aria, nonostante questa sia indubbiamente essenziale per vivere mentre l'oro è del tutto superfluo.

Ma se ci pensiamo bene, questa idea è falsa. Se così fosse, della buona musica, o letteratura o filosofia, che sono certamente scarse, avrebbero un grande valore. Al contrario il valore, in quei campi, è dato dal profitto, poiché un libro o un disco non vengono venduti in base al loro *valore* effettivo, ma in base a quello che riescono a produrre, e quindi al capitale che viene investito per la loro produzione. **Non è quindi la scarsità che rende preziose le cose, ma il profitto del capitale**[2].

---

[1]   Cfr. infra, sez. IV cap. 6 - il capitale sociale - le considerazioni di Tipler sulle risorse nell'universo. Il problema delle risorse deve essere posto su un piano culturale e non su un piano di mero conteggio di esse data una determinata capacità di utilizzo. Questa, infatti, dipende dalle conoscenze scientifiche che hanno una capacità di crescita almeno pari alla crescita dell'espansione della vita nell'universo.

[2]   Il paradigma della scarsità ha come corollario la necessità crescente di sacrifici per ovviare alle ristrettezze della scarsità. Sulla teodicea del sacrificio cfr. le illuminanti pagine di C. Gambescia, *Mercato*, ed. Settimo Sigillo, Roma 2002 pagg. 44 e segg.

Tutti noi proviamo un senso di profondo disagio di fronte a questa considerazione, perché ci rendiamo conto che stiamo immersi nella logica del capitale ed esattamente nel punto in cui esso vuole che stiamo. Ed è un disagio che si traduce, poi, in rimozione del problema, e non nella ricerca della sua soluzione.

Anche contestare il capitalismo è funzionale alla sua riproduzione. Se non ci credete, provate a pensare a quanto abbiano fruttato ai mass media le notizie sugli scontri e quanta informazione richieda il movimento, e per loro, l'informazione è ricchezza. Questo non significa che non dobbiamo contestarlo, ma che l'opposizione e la lotta devono assumerne forme e contenuti diversi, poiché quelli usuali sono stati oggettivamente inglobati nella logica della riproduzione del capitale finanziario[3].

Dobbiamo, allora, riflettere su che cosa possa davvero rompere questo circolo perverso, che si impadronisce delle nostre stesse vite fino a renderle strumenti per la creazione di denaro e di profitto. *Abbiamo la possibilità di creare una società fuori dalla logica del profitto*, e di farla subito. Ci sono i numeri, le risorse, la fantasia, le capacità. Facciamola.

L'idea è quella di costruire, *tra noi*, un sistema di relazioni che siano *estranee* al profitto, pur consentendo a chi le fa, di trarre un utile da queste relazioni. Credo che chiunque svolga una prestazione debba ricavarne un utile, il che non significa che questo utile debba necessariamente essere un profitto. Infatti, la remunerazione di un'attività è cosa diversa dal profitto, che attiene alla valorizzazione del capitale e non delle risorse umane. **Dobbiamo, quindi, impedire che avvenga quel corto circuito che identifica capitale monetario con i valori umani, fino al punto in cui questi sono subordinati a quello.**

Dobbiamo dichiarare e dimostrare che l'identità di valori umani e valori monetari è falsa ed è in sé uno strumento di potere.

Come dicevo, ci sono risorse umane in quantità. Ci sono anche risorse materiali a sufficienza, e ormai da oltre dieci anni. Insomma, non è necessario che qualcuno muoia di fame affinché altri possano

---

[3]   Cfr. sul punto, ma anche come riferimento generale all'ispirazione di tutto questo libro, R. Vaneigem, *Trattato del saper vivere ad uso delle giovani generazioni*, Malatempora, Roma, 1999

vivere, così come non è necessario che molti facciano un lavoro massacrante e alienante affinché pochi possano pensare.

D'altra parte è lo scambio alla base della logica del profitto. Come ho dimostrato nel mio libro *"Dove andrà a finire l'economia dei ricchi"*, allo scambio si stanno sovrapponendo logiche di relazioni completamente diverse, nelle quali anche la valutazione dell'apporto di ciascuno è del tutto superflua, così come sono insensati i pagamenti in denaro.

Come dice Serge Latouche, *Non si tratta dunque, di bandire i mercati o di escluderli, ma di limitare il mercato lottando contro l'evidenza del suo spirito. E quindi in questo processo di liberazione delle mondialità dall'economicismo, (diseconomicizza-zione delle mondialità) che un progetto di economia alternativa plurale e solidale può acquistare senso e consistenza e non essere soltanto un alibi, un'utopia, o, addirittura, un giochetto per ingenui. Non ci si ritroverà più allora di fronte ad un tentativo di bricolage di formule astratte (mercato, ridistribuzione, reciprocità), ma ad una pratica ben contestualizzata di rifondazione[4].*

Dobbiamo quindi realizzare l'utopia di una società che si fonda sulla vera ricchezza, che è quella che nasce dagli uomini.

Si tratta di un'utopia concreta, reale immediata. Senza i sogni, gli uomini sono già morti. Ma vivere nel sogno, dimenticando la realtà, è anche peggio. Se abbiamo un sogno dobbiamo viverlo fino in fondo, renderlo reale, subito. Solo così possiamo sollecitare le forze che sono attorno ed insieme a quel sogno.

Non abbiamo bisogno dell'utopia del futuro, perché come diceva Keynes, a lungo termine saremo tutti già morti. Non vogliamo nemmeno l'utopia del passato, quella dei morti che ritornano in forma di sogno splendente, nascondendo la miseria del loro e del nostro presente. Non dobbiamo negare la miseria del nostro presente, proiettandoci in un mondo fantastico che vive nel passato o nel futuro. **L'utopia è oggi, subito.**

Dobbiamo essere realisti e *fare* l'impossibile. Questa frase entusiasmò Marcuse che la lesse su un muro della Sorbona nel '68, ma al posto di *fare* c'era scritto *chiedere*. Noi non dobbiamo chiedere niente a nessuno, dobbiamo fare il nostro mondo, a partire da noi

---

4   Serge Latouche, *Il ritorno del dono,*

stessi. In noi è racchiuso tutto l'universo, e se è così, perché non realizzare l'utopia?

Nel mondo virtuale abbiamo un'infinità di risorse: siti di informazione, di musica, di letteratura, di teatro, di software, eccetera. La maggior parte di queste risorse sono sottopagate o spesso non sono pagate affatto, e quindi la loro possibilità di crescita è limitata dalla presenza di siti e di aziende che dispongono invece, di ben altri mezzi.

In che cosa consistono questi mezzi? Nel denaro e nelle altre risorse finanziarie di cui le banche ed i grandi gruppi dispongono e che vengono messi a disposizione di chi si muove entro una logica di profitto. Attenzione, non ho scritto di sviluppo, ma di profitto che è profondamente diverso, poiché esso attiene allo sviluppo del *capitale*, non della società né, tanto meno delle risorse umane.

Noi dobbiamo creare una logica di sviluppo senza profitto, di creazione di ricchezza senza sfruttamento, di valorizzazione della vita e non del denaro. Questo è il punto decisivo.

Facciamo un esempio.

Si parla dell'informazione indipendente, ma per farla ci vogliono risorse finanziarie e certamente, nessuno nel movimento dispone delle somme per fare una televisione indipendente. Neppure troverete mai una banca disposta a dare ad un gruppo legato al movimento le somme necessarie per farlo. E non tanto per ragioni ideologiche, ma semplicemente perché nessuno è in grado di aggregare le risorse necessarie per *garantire i profitti* che il mondo finanziario esige per iniziative di questo genere.

D'altra parte, se ci si muove fuori di una logica di profitto è insensato garantire dei profitti, così come se ci si muove in una logica non violenta è insensato comprare le armi. E se qualcuno finanzia queste iniziative vuol dire che da qualche parte il profitto lo tira fuori, altrimenti non lo farebbe. Per questa ragione diffido sempre di iniziative apparentemente animate dalle migliori intenzioni che però non escono dalla logica ferrea di questo sistema. Lo stesso discorso vale per la politica. Non sono gli uomini cattivi che rendono il potere cattivo, ma è il potere che fa gli uomini cattivi, e credo che la storia ce ne abbia dato esempi a sufficienza.

Pensate alle T.A.Z.[5], le zone di autonomia dal potere politico di cui Akim Bey ci ha reso una accurata descrizione nel suo splendido libro. **Dobbiamo costruire una T.A.Z. dal potere finanziario, una zona autonoma, ma non temporanea, che consenta a chiunque lo voglia, di uscire dalla logica del capitale e del profitto. La chiameremo FAZ, Financial Autonomous Zone, ovvero Zona di Autonomia Finanziaria.**

Nel movimento, come dicevo prima, ci sono risorse umane e materiali più che sufficienti per trasformare in realtà quello che appare un sogno. Cosa possiamo fare per realizzarlo?

Partiamo dalle cose semplici e già note. Ci sono le banche del tempo ed altre organizzazioni no-profit, i cui membri si scambiano prestazioni *senza ricavare* un profitto. Posso scambiare un'ora di lezioni di musica con un'ora di giardinaggio o un'ora di baby sitting. Le banche del tempo sono molto diffuse nel mondo, un po' meno in Italia, anzi quasi per niente, e sono certamente un'istituzione lodevole. In Argentina, ad esempio, con strumenti del genere alcuni milioni di persone riescono a sbarcare il lunario, poiché dedicano tutto il proprio tempo a rendere questi servigi ricevendo dagli altri servizi in proporzione.

Il problema, però, è di far uscire la logica del profitto dalla nostra vita. Perché anche se la rifiutiamo, anche se pensiamo di starne fuori, essa è sempre presente ogni volta che dobbiamo fare un gesto banale come quello di andare al bar a prendere un cappuccino, o quello un po' più impegnativo di andare a comprare una casa o un'automobile. E' vero che molte banche del tempo emettono una specie di denaro, che altro non è che un'unità di misura delle ore prestate e serve a dimostrare che si è effettuata effettivamente la prestazione indicata nel certificato (altrimenti lo scambio deve necessariamente essere limitato tra quelli che si conoscono e che hanno effettuato reciprocamente le prestazioni). Però anche queste forme monetarie alternative hanno dei limiti. In genere scarseggiano, e quando sono emesse non si conoscono i criteri di emissione né di distribuzione. Ma il limite peggiore è che esse non sono convertibili, e quindi sono destinate comunque ad una circolazione limitata tra quelli che offrono prestazioni e solo per quelle prestazioni. Insomma, non ci si può comperare casa e

5   Hakim Bey, *T.A.Z*, Nautilus Editore, Mi,

nemmeno il cappuccino al bar, e soprattutto non ci si possono pagare la luce, il telefono, l'energia e le tasse. Per fare queste cose occorrono i soldi, così come pure per fare una televisione indipendente o un sito di informazione che sia in grado di fare concorrenza ad un network di medie dimensioni.

I soldi li fanno le banche che te li danno solo se ti indebiti, e se ti indebiti caschi necessariamente nella logica del profitto, altrimenti non potrai mai restituire il tuo debito. In realtà non ci riesci lo stesso, ma se paghi gli interessi e cresci con il fatturato, le banche ti creano altro denaro indebitandoti ulteriormente così che il loro profitto possa crescere (non dobbiamo dimenticare che le banche hanno bisogno per fare soldi di qualcuno che si assuma il debito). Le conseguenze sono quelle che vediamo oggi: tutte le aziende sono oberate di debiti e ogni tanto qualcuna che non ce la fa a ripagare il suo debito viene eliminata. Al suo posto sono pronti in mille ad assumersi quei debiti e tentare l'avventura.

L'economia cresce solo con il debito, che è poi il modo del potere finanziario di *creare* il denaro.

Quello che interessa alle banche non è che il debito sia restituito, poiché esse sanno benissimo che in molti non potranno farlo, ma che si viva nella logica del profitto e della riproduzione del capitale. Alle banche interessa l'anima degli uomini, esse vogliono indurre comportamenti che presuppongano la logica del profitto. Solo così possono perpetuare il loro potere.

Però, cosa ci dimostra l'esistenza delle Banche del Tempo e delle monete alternative? Ci dimostra che è possibile fare a meno del "*loro*" denaro per vivere. Che è possibile lavorare, creare, muoversi in una logica diversa da quella del potere del denaro e del profitto. La vera ragione per cui queste istituzioni alternative non decollano, è data dal fatto che esse si tengono ai margini, indecise tra l'alternativa vera ed il mondo tradizionale.

Se non si rovescia la logica del Capitale è impossibile farne a meno. Una Banca deve comportarsi con la logica della banca tradizionale, altrimenti è destinata al fallimento, così come un'impresa deve comportarsi secondo i criteri propri dell'impresa, altrimenti è anch'essa destinata a chiudere.

Allora, o rovesciamo la logica del Capitale, oppure Banca Etica, finanza Etica, imprese no-profit, resteranno delle belle aspirazioni prive però di concretezza e di sostanza. E prima o poi dovranno piegarsi alla logica del capitalismo e diventare simili alle altre imprese o banche o finanziarie, come antiche e recenti esperienze ci hanno dimostrato[6].

Insomma dobbiamo uscire dalla logica del profitto. Ma come?

In questo libro tenteremo una risposta, senza la pretesa che questa sia completa né definitiva, ma solo un'indicazione di una via da percorrere, durante la quale si incontreranno molti ostacoli, molti nemici, molti dubbi, come sempre accade quando si intraprende una strada nuova.

Ma credo che questa strada sia l'unica possibile, e che essa sia in qualche misura necessaria anche per lo stesso capitalismo e per gli uomini e le classi che lo sostengono. Sarà quindi necessario fare molta attenzione a che il progetto di costruire una nuova società non sia stravolto e inquinato dal riemergere di vecchie logiche, poiché ciò che deve essere chiaro, è che la risposta passa per un rovesciamento della logica con cui abbiamo costruito il mondo, e per la ricerca di un nuovo pensiero.

Con il sogno di dare una risposta a questa domanda, milioni di esseri umani, in passato, hanno lottato, si sono sacrificati, hanno sognato, discusso, distrutto e costruito, senza arrivare, in concreto, ad una soluzione definitiva. Ma ci hanno trasmesso un bagaglio enorme di informazioni, di idee, di piani, giusti e sbagliati, che oggi ci consente di formulare un nuovo progetto.

Il loro sacrificio non è stato certo vano, e la loro lotta ci ha insegnato che non dobbiamo mai perdere la speranza di cambiare il mondo e renderlo migliore. E questo per noi significa in concreto

---

6   I Monti di Pietà, cui il popolino e non solo si rivolge per ottenere piccoli prestiti, nacquero nel XIV secolo su iniziativa dei Francescani per combattere l'usura, allora particolarmente diffusa per via della profonda crisi economica di quel tempo. Il primo Monte di Pietà fu istituito dal Beato Bernardino da Feltre ed ebbe certamente il merito di calmierare gli interessi sul mercato, poiché inizialmente essi non prendevano interessi sui prestiti. Successivamente furono costretti a riscuotere un interesse, sia pure modesto (nell'ordine tra il 2 e il 5%) per coprire le proprie spese. Infine, con il corso dei secoli, il tasso da essi richiesto divenne simile a quello praticato dalle banche di credito ordinario se non peggiore.

eliminare la miseria e la sopraffazione, l'inquinamento dell'aria, della terra e delle coscienze e la crudeltà, la violenza, la brutalità delle guerre.

In altre parole, eliminare il *potere*, che è la fonte della violenza, della disuguaglianza, della sopraffazione, della guerra.

E non dobbiamo fare una società più povera, ma una più ricca in senso spirituale e materiale, altrimenti avremmo fallito nel nostro compito e tradito i sogni e le aspirazioni di quegli uomini e di tutti coloro che oggi si battono per cambiare il mondo.

Il libro inizia con una sezione dedicata all'analisi della moneta e della sua funzione[7], e prosegue con un'altra sezione che tratta della produzione e del consumo fino ad una nuova definizione della ricchezza. Le altre tre sezioni sono dedicate alla spiegazione di che cos'è il tasso negativo e come esso possa essere utilizzato attraverso i Titan, che sono una specie di denaro delle FAZ, alla Banca del Movimento che è la struttura che dovrà gestire i Titan, e la FAZ che, come abbiamo visto, è ciò che vogliamo costruire. In appendice ho messo alcuni capitoli relativi a questioni filosofiche o tecniche che risultavano pesanti e inopportuni all'interno del testo, ma che rivestono grande importanza per comprendere il senso di questa proposta e la sua effettiva portata innovativa. Sempre in appendice trovate un breve saggio sulla *"questione dell'inceneritore"* di cui al capitolo 6 della sezione VI. Il saggio espone il modo di affrontare la questione dal punto di vista della *Parecon*[8], l'economia partecipativa ideata da Albert ed Hanhel ed è stato scritto da Adele Oliveri, economista, traduttrice dei testi di Albert in Italia ed esperta di *Parecon*, cui va il mio ringraziamento per la preziosa

---

[7]   Il Capitale inizia con la sezione Merce e Denaro, in cui Marx analizza dapprima la merce come valore, poi nel processo di scambio, e infine nella sua forma di denaro. Non è questa la sede per una critica all'analisi di Marx della moneta, ma per dare un'idea di come sia differente la situazione di oggi da quella di allora, riporto dal *Capitale* questo brano: *"Qui si tratta solo della carta moneta statale a corso forzoso. Essa nasce direttamente dalla circolazione metallica. La moneta di credito è sottoposta invece a rapporti che ancora ci sono completamente sconosciuti, dal punto di vista della circolazione semplice delle merci. Notiamo tuttavia, di passaggio, che come la carta moneta vera e propria sorge dalla funzione del denaro come mezzo di circolazione, la moneta di credito ha la sua radice naturale nella funzione del denaro come mezzo di pagamento".* (K. Marx, *Il Capitale*, ed. Riuniti, Roma, 1974, Libro I, pag. 159).

[8]   Cfr. infra, sezione III cap. 7.

collaborazione e le brillanti soluzioni per questa ed altre sezioni del libro.

L'idea è quella di indicare attraverso un esempio concreto come una questione così delicata possa essere affrontata in un'economia partecipativa, e sotto questo aspetto il progetto di costruire una FAZ ha molti punti di contatto con la *Parecon* di Albert ed Hanhel.

Infine, nelle FAQ (Frequently Asked Questions, ovvero le domande più comuni ai dubbi che possono venire leggendo il progetto) trovate le risposte semplici e pratiche alle domande e ai dubbi che possono porre tutti coloro che vogliono aderire alla FAZ.

III. NATURA E FUNZIONE DELLA MONETA

i. La moneta merce

La moneta ha sempre svolto una funzione di mezzo di scambio. Per millenni essa è stata legata ad una merce, o meglio, era essa stessa rappresentata da una merce di particolare pregio o valore presso il popolo che l'accettava comunemente.

In altri termini, la moneta anticamente era un intermediario più o meno sofisticato del baratto. Tutte le merci venivano rapportate al prezzo del bene che fungeva da moneta, fosse esso l'oro, l'argento, il rame, il tabacco o il sale.

Come spesso tuttora accade, qualche commerciante barava sul peso o sulla qualità del bene usato come moneta, così come, allo stesso modo, qualche commerciante barava sul valore effettivo delle merci oggetto del baratto. Ma questo non aveva alcuna influenza sull'inflazione, semmai ne aveva sulle tasche dei cittadini raggirati dal commerciante truffatore.

Allo stesso modo dei commercianti, anche gli Stati baravano sul prezzo delle monete: il fatto che venissero ridotte le quantità di metallo nelle monete, non aveva altro significato che un gioco da bari fatto per lo più in posizione dominante, dato che per la maggioranza dei sudditi, non era certo agevole verificare il peso effettivo e la qualità del conio.

Che questo portasse ad un aumento del prezzo nominale dei beni era una ovvia conseguenza, poiché i commercianti si accorgevano della diminuzione di valore della moneta e si adeguavano aumentando i prezzi nominali, così da ottenere la stessa quantità di metallo prezioso (o una maggiore se erano "furbi").

Ma attraverso quel trucchetto, nello Stato circolava più denaro e quindi si verificava una certa ripresa economica, finché l'effetto non si esauriva ed il sistema non si stabilizzava ad un livello di prezzi più elevato. Era allora necessario un ulteriore intervento di limatura del metallo allo scopo di creare una nuova eccedenza della moneta necessaria per mandare avanti quel tipo di sistema economico[9].

L'inflazione che ne derivava, non era molto diversa da quella attuale, anche se oggi il sistema di riferimento per le emissioni monetarie è completamente diverso.

In altri termini, rispetto al prezzo effettivo dell'oro, o del metallo usato come moneta, i prezzi non salivano affatto, poiché essi erano rapportati alla effettiva quantità di metallo contenuta nella moneta.

Di conseguenza, se quella quantità di metallo si riduceva, erano necessarie più monete per ottenerla, e quindi il prezzo *nominale* del bene saliva. Allo stesso modo il prezzo saliva se per qualche ragione aumentava considerevolmente la quantità di metallo prezioso posta a base della moneta[10].

Un altro genere di inflazione è quello che si è verificato in alcuni periodi storici per effetto di emissioni di moneta cartacea senza alcun corrispettivo in metallo e senza che ci fosse una adeguata crescita delle attività economiche. In genere queste emissioni avvenivano per sopperire alla carenza di metallo da moneta in momenti di particolare necessità o di assenza di un governo centrale, come per esempio durante la rivoluzione americana o quella francese, che furono finanziate stampando notevoli quantità di banconote senza che vi fosse né oro né altri metalli preziosi né, tanto meno, attività economiche a giustificare le emissioni.

La guerra è un'attività che crea ricchezza solo per il vincitore, ma è una ricchezza illusoria poiché le distruzioni che essa comporta sono di gran lunga maggiori delle ricchezze che il vincitore riesce ad arraffare[11].

---

[9]   Nell'antica Roma la limatura delle monete era pratica corrente di tutti gli imperatori, perennemente a corto di metallo per mantenere la struttura dell'impero. L'aureus, la moneta d'oro di Augusto, che conteneva 7,80 grammo di oro, tre secoli dopo sotto Costantino che riprese una coniazione qualitativamente accettabile, era però ridotto a 4,55 grammi., e il dinaro che era d'argento al 75% all'epoca di Augusto, a quella di Aureliano conteneva il 95% di rame e successivamente il suo contenuto d'argento scese fino al 2%. Di fatto il sistema monetario romano era fondato sul rame travestito da una minutissima patina d'argento.

[10]   Ad esempio nella Spagna di Filippo II in cui affluì una quantità eccessiva di oro dalle colonie americane che fece ridurre il prezzo dell'oro in tutta Europa ma soprattutto in Spagna, generando un aumento dei prezzi.

[11]   Nell'antichità le cose andavano differentemente, poiché la maggior ricchezza

A maggior ragione, la guerra civile porta a distruzioni di ricchezza e soprattutto dell'apparato produttivo, con la conseguenza che dopo ogni guerra la massa di moneta cartacea esistente è notevolmente maggiore di quanto sia necessario per il livello degli scambi nel sistema economico.

ii. La moneta nell'economia classica

Gli economisti classici ritenevano che ogni merce potesse fungere da moneta e che nel mercato le persone scambiassero ciascuna il prodotto del proprio lavoro. La moneta svolgeva una mera funzione di intermediario per i calcoli, ma erano irrilevanti sia la qualità che la quantità della moneta. In altri termini, se i beni sono calcolati in termini di oro o di sale o di tabacco non cambia la natura di scambio che attraverso il calcolo può essere effettuata.

Di conseguenza, la moneta non entrava nell'analisi dell'economia classica, e gli studi del ciclo economico non tenevano in alcun conto degli effetti della moneta cartacea e del debito sul suo verificarsi.

In un'economia in cui gli scambi sono pochi e sporadici, e in cui qualsiasi bene può fungere da moneta, con un maggiore o minore premio di liquidità[12], in effetti, la natura della moneta è ben poco significativa rispetto ai processi economici.

Per millenni, la grande maggioranza della popolazione ha creato un prodotto complessivo a malapena sufficiente per mantenere in vita sé stessa e in condizioni di ricchezza qualche privilegiato dal potere o dal culto.

---

che derivava dalla guerra era data dagli esseri umani catturati e fatti schiavi, più che dall'oro e dall'argento che veniva ritrovato nelle città distrutte o dai tributi che popolazioni spesso ridotte alla fame fossero in grado di versare al vincitore. Alessandro Magno finanziò la spedizione in Persia distruggendo Tebe e vendendo come schiavi i suoi trentamila abitanti, e Giulio Cesare versò nelle casse dell'erario e nelle proprie molto di più dalla vendita degli schiavi che dal resto del bottino e dai tributi che la Gallia versò a Roma nei dieci anni successivi alla conquista.

[12]   Il premio di liquidità è definito "l'*ammontare che la gente è disposta a pagare (in termini di quel bene) per la comodità e sicurezza potenziale data dal potere di disponibilità di un bene, è chiamato premio di liquidità*". J. M. Keynes, *Teoria generale dell'occupazione, dell'interesse e della moneta*, UTET, Torino, 1971, pag. 390

In altri termini, fino alla metà del secolo scorso, buona parte della popolazione produttiva era impegnata in agricoltura, e i contadini usavano il denaro solo qualche volta l'anno per acquistare beni che non erano in grado di produrre direttamente.

E' chiaro che in un'economia siffatta, qualunque bene può essere usato come moneta.

Il *salario* degli operai prende il nome dal fatto che il pagamento era effettuato con il sale, spezia relativamente preziosa ed essenziale in cucina e per la conservazione dei cibi, e molti contadini barattavano i prodotti dei propri campi con le merci che acquistavano al mercato senza necessità di alcun intermediario.

Era quindi ragionevole che l'economia classica ritenesse la moneta del tutto ininfluente nel ciclo economico. Era anche altrettanto ragionevole il dibattito che allora si svolgeva tra gli economisti a proposito della effettiva produttività dei beni.

I fisiocratici sostenevano che la ricchezza fosse creata dalla terra, gli economisti ortodossi dal capitale, quelli eterodossi dal lavoro. Tutti erano alla ricerca del *"plusvalore"*, ovvero di quel prodotto in più che consentiva al sistema economico di crescere ed alla gente (in verità, allora, solo ad alcune persone) di arricchirsi.

Nessuno dubitava dell'esistenza del *valore* intrinseco alle cose, e scoprirlo avrebbe significato trovare la chiave per comprendere i fenomeni dell'economia nella loro essenza.

Questo avrebbe comportato notevoli conseguenze pratiche, la prima di esse che, conoscendo i *valori* dei prodotti, sarebbe stato possibile determinare i *prezzi* senza tema di errore. E questo era il sogno di ogni capitalista dei tempi di Adam Smith.

Insomma, quello che veniva in effetti scambiato era, per gli economisti classici, il *valore* intrinseco a tutte le cose prodotte dall'uomo o dalla natura, ed i prezzi non ne erano che un'ovvia conseguenza.

Per questa ragione, la moneta non aveva alcuna importanza nella teoria economica. Anche la merce-moneta aveva un proprio *valore*, che si poneva nei confronti dei *valori* delle altre merci secondo relazioni determinate da quel *"quid"* che la teoria del valore intendeva scoprire.

Keynes inferse un duro colpo a questa idea dell'economia. Nel frattempo, infatti, le cose erano cambiate notevolmente, il livello degli scambi si era moltiplicato, un gran numero di persone aveva abbandonato la vita dei campi per riversarsi nelle grandi città dove trovava un lavoro in fabbrica e condizioni di vita meno dure che in campagna.

Soprattutto, era stata introdotta nel sistema la moneta cartacea che aveva radicalmente cambiato la natura stessa del denaro.

Se prima della sua introduzione, infatti, una moneta d'oro era una merce come le altre, la moneta cartacea moltiplica il *valore* di quella moneta d'oro, senza però creare alcuna ricchezza se non nelle mani dei banchieri e dei signori della finanza.

Sul meccanismo di creazione di denaro da parte del sistema bancario, ho parlato diffusamente in altre mie opere alle quali rimando per una trattazione completa[13].

Ricordo soltanto, che il numero virtuale di quelle monete, con l'introduzione delle banconote, si è moltiplicato in funzione inversa al tasso di riserva adottato dalle banche. Tutti quelli che lavoravano, versavano in banca il frutto del proprio lavoro, in metallo o in banconote rappresentative di metallo e in teoria convertibili in esso in qualunque momento. Quelle banconote rappresentavano, però, allora, solo una frazione sempre più piccola del metallo detenuto dalle Banche, indipendentemente dal fatto che le banche tenessero o meno un comportamento truffaldino, il che, tra l'altro, capitava anche abbastanza di frequente.

Questo denaro cartaceo era giustificato dalla circolazione stessa della moneta e in teoria, in caso di arresto o rallentamento del sistema, tutte le banconote avrebbero trovato il loro pagamento in metallo o nei beni che avevano contribuito a creare.

In pratica le cose andavano in maniera affatto diversa, poiché era sufficiente un affare andato a male o anche una voce maligna sulle difficoltà della banca emittente, per scatenare il panico tra i depositanti ed il ritiro immediato dei depositi. E poiché le monete metalliche erano solo una frazione delle banconote emesse dalle banche e non c'era il tempo per realizzare i beni creati dalle

---

[13]   Cfr. D. de Simone, *Un Milione al mese a tutti: subito!* Malatempora, Roma, 1999

banconote, in genere ad una crisi di panico seguiva il fallimento della banca[14].

Quando negli anni Trenta, fu istituito il divieto di conversione delle banconote in metallo, le banche non cessarono di creare denaro, nonostante tale funzione fosse stata nominalmente assunta dallo Stato.

Così come avveniva prima del divieto di conversione, anche successivamente il meccanismo di creazione del denaro passò attraverso il debito.

In altri termini, le banche si sono arrogate il diritto esclusivo di prestare denaro che esse stesse creano fondandolo sul lavoro della nazione. E lo prestano non solo alle imprese, ma anche alle famiglie ed allo Stato, che paradossalmente gli ha conferito in nostro nome, il diritto di creare il denaro che ad esso Stato serve per mandare avanti il sistema.

In pratica il meccanismo è questo.

Per creare denaro una banca lo deve prestare a qualcuno. Assume tutte le garanzie del caso, e poi annota il debito nei proprio libri contabili. La copertura di questo debito è data nominalmente dalla riserva obbligatoria e dai prestiti che la banca a sua volta riceve dalla Banca centrale di emissione. In realtà, dato che la riserva è attualmente del tre per cento sui depositi[15], le banche creano il

---

[14]   *"Mr. Banks, il padre dei bambini cui Mary Poppins faceva da baby sitter, era un austero funzionario della Banca Dawes di Credito, Risparmio e Sicurtà. Insomma una tipica banca ottocentesca, dove tutti indossano il tight e le ghette, portano la bombetta, l'ombrello e il garofano all'occhiello. La crisi di panico si scatena, quando il piccolo Michael cerca di farsi restituire dal vecchio Dawes i due penny con cui voleva comprare il miglio per i piccioni, e che invece il banchiere vuole usare per fargli aprire un conto corrente. Non c'è argomento che riesca a convincere il bambino. Nel suo animo sono entrate bene le parole di Mary Poppins che l'aveva incitato a donare di cuore. Le sue grida sono sentite da due clienti della Banca che, preoccupatissime, si affannano a ritirare tutti i propri depositi. Anche gli altri clienti dentro l'edificio, vista la reazione delle due correntiste si affrettano agli sportelli per ritirare tutto il proprio denaro. E' il panico, scatenato apparentemente senza alcuna ragione, da una voce, da uno sguardo preoccupato, da un passo affrettato.Per convincere il bambino il vecchio Dawes aveva usato tutti gli argomenti della cupidigia: "Con due miseri penny sarai proprietario di terreni in America, di navi, di fabbriche, di palazzi. Il tuo capitale <u>raddoppierà</u> di anno in anno e tu diventerai ricco!". Nulla riesce a smuovere Michael dal suo proposito di usare i suoi due penny seguendo il suo cuore, ormai ricco di amore e di generosità. Il discorso di Dawes sul raddoppio del capitale è, però, il centro della truffa delle banche, il miraggio agitato dinanzi agli occhi della gente per indurla a lavorare duramente e risparmiare con la promessa di una felicità che non arriverà mai. E la crisi di panico trova, in questa scena, la propria ragione profonda".* Da D. de Simone, *Un Milione al mese a tutti: subito!* Op. cit. pag. 66

[15]   La riserva obbligatoria era il criterio prevalente nella creazione di denaro sul

denaro che prestano, e che è giustificato proprio dalla ricchezza che viene prodotta da coloro che ricevono il prestito.

Le banconote emesse dalla Banca centrale, rappresentano oltre un trentesimo del totale dei depositi a breve e a medio termine, e questi sono indubbiamente denaro. Alla stessa stregua dobbiamo considerare i titoli del debito pubblico, che sono appunto denaro anch'essi, e che sommati ai depositi, portano la massa monetaria a oltre settanta volte il totale delle banconote emesse e che circolano nel paese.

Keynes si fermava qui, nel calcolare la massa monetaria. Direi che però dobbiamo aggiungere sia le azioni delle società quotate in borsa, sia i prodotti finanziari emessi in gran quantità, soprattutto negli ultimi venti anni, da parte del sistema bancario e di operatori finanziari privati.

Allo stesso modo, dobbiamo considerare come parte integrante della massa monetaria i titoli di debito a breve e medio termine emessi dai privati, sia sotto forma di prestiti obbligazionari sia sotto forma di cambiali o altri titoli di credito.

Per loro natura, infatti, essi non sono affatto diversi dai titoli di debito emessi dalle banche, a parte la maggiore (apparente) solidità di queste ultime. E inoltre, i titoli di debito tra privati sono regolarmente usati come mezzi di pagamento, com'è ben noto a tutti coloro che abbiano avuto a che fare con un'attività commerciale o di produzione[16].

Se questo è il meccanismo di creazione di denaro, non vi sembra almeno strano che all'opinione pubblica il "debito" sia

---

debito all'epoca in cui fu scritto il libro, nel 2003. A seguito degli accordi di Basilea, i criteri di creazione della moneta sono divenuti più complessi ed attualmente la riserva è solo uno di questi.

[16]   La definizione classica di moneta si riferisce alla sua immediata spendibilità (potere liberatorio legale) e quindi alla sua generale accettazione in quanto mezzo di pagamento. Sotto questo profilo, quindi, il credito nei confronti di una banca è generalmente considerato moneta (moneta bancaria) e allo stesso modo il credito nei confronti dello Stato sotto forma di Titoli del Debito Pubblico. Non sono fatti rientrare nella moneta le altre obbligazioni né gli altri strumenti finanziari emessi da privati o da banche a causa del rischio di insolvenza. L'aleatorietà di questa considerazione è resa evidente da quanto è recentemente accaduto in Argentina, dove i Titoli di Stato, le banconote e la moneta bancaria ha dimostrato che il rischio di insolvenza esiste per tutti gli strumenti finanziari. Tutta la moneta è, di fatto, un credito e la distinzione fatta da Keynes nel suo *Trattato* (pag. 327, nota a), si rivela essere una pura convenzione.

rappresentato come una minaccia per l'economia? E che si faccia continuamente ricorso alla necessità di fare sacrifici per evitare che questo debito esploda mettendo in crisi l'economia nazionale e quella di tutto il resto del mondo?

Sappiamo tutti, per esperienza diretta, quanto il denaro sia necessario per vivere in questa società. Ora sappiamo anche che esso viene creato solo sul debito. Generare il timore del debito nella gente è come prospettargli l'impossibilità di vivere.

Dobbiamo comprendere le ragioni di tutto ciò.

iii. La legge di Say

Se ritorniamo al pensiero economico classico, l'idea che qualunque mezzo potesse fungere da moneta comportava che ogni produzione trovasse alla fine la propria collocazione. Un economista francese, Jean-Baptiste Say, la espresse in una legge che prese il suo nome e che dominò il pensiero economico per oltre un centinaio di anni, nonostante l'evidenza dicesse da tempo il contrario. Keynes ne dimostrò l'infondatezza anzi direi la sopravvenuta infondatezza, negli anni Trenta, ma occorsero ancora parecchi anni prima che gli economisti ne prendessero atto[17].

La legge di Say dice in pratica che ogni offerta crea la propria domanda, e se ci pensate la cosa è di immediata evidenza, se ogni merce può fungere da moneta. In tale guisa, infatti, creando una merce si crea anche la moneta che nel gioco degli scambi servirà a stimolare la domanda di quei beni che sono stati prodotti.

L'altra conseguenza della legge di Say, è che il sistema economico tende verso l'equilibrio. Pure se occorre del tempo affinché tutti i fattori della produzione siano remunerati opportunamente ed ogni merce possa trovare la propria collocazione, la tendenza naturale del sistema economico è che alla fine tutti troveranno soddisfazione.

---

[17] Ancora nel 1947, un anno dopo la morte di Keynes, dichiararsi Keynesiani ad Harward comportava l'espulsione dall'università più prestigiosa degli Stati Uniti.

In fondo la politica del "*laisser faire*" nasce sulla scorta di queste considerazioni. Si tratterà, semmai, per lo Stato e per i produttori di organizzarsi affinché le cose si sistemino nel più breve tempo possibile, e in questo senso le azioni delle organizzazioni sindacali e dello Stato sono viste come uno strumento che accelera la naturale tendenza del sistema all'equilibrio, ma per gli economisti classici il mercato, come essi chiamavano il complesso delle relazioni economiche piuttosto che semplicemente il luogo dove avvenivano gli scambi, è capace di regolarsi da sé.

Keynes dimostrò che questa "*naturale*" tendenza del mercato a regolarsi da sé è solo un caso dovuto a condizioni particolari, mentre nella normalità il mercato, abbandonato a sé stesso, tende non all'equilibrio bensì a determinare disoccupazione e miseria economica.

Le conclusioni cui pervenne Keynes non erano molto dissimili a quelle cui era pervenuto Marx molti anni prima, pure se il filosofo di Treviri vi era arrivato sulla scorta di considerazioni affatto diverse.

Sembra strano che la legge di Say possa essere valida in un sistema dove si svolge un numero relativamente ridotto di scambi, e non esserlo più se gli scambi aumentano in maniera considerevole. Infatti, un maggior numero di scambi comporta che un numero crescente di merci è in grado di fungere da moneta, e quindi gli scambi dovrebbero intensificarsi invece che ridursi. Se però pensiamo per un momento a quello che avviene in una nostra qualunque giornata, ci appare evidente che, senza il denaro, gli scambi che oggi effettuiamo non sarebbero possibili. In una società come la nostra, in cui le categorie di merci sono decine se non centinaia di migliaia, è assolutamente necessario che le misurazioni delle merci siano assolutamente precise, e questa precisione non è ottenibile in termini di merci, ma solo in termini di denaro.

Ciascuno di noi, in una giornata, effettua svariate operazioni con il denaro, e alcune persone ne effettuano decine o centinaia. Provate ad immaginare cosa accadrebbe alla cassa di un qualunque supermercato se in pagamento venissero accettate tutte le merci, in base ad una tabella che stabilisse i valori di scambio reciproci. A prescindere, poi, dall'effetto esilarante che produrrebbe il tentativo di un lavoratore dei servizi di piazzare il proprio prodotto in cambio della spesa al supermercato.

Che cosa ci fa la cassiera di un supermercato con il progetto di un architetto o i consigli di un avvocato, e, soprattutto, come li valuta? E se pensiamo che oggi, i servizi rappresentano oltre il settanta per cento del totale del prodotto interno di un qualsiasi paese occidentale, ci rendiamo conto della impossibilità di poter considerare denaro ogni tipo di merce prodotta.

Un tempo, invece, quando gli scambi erano per ciascuno in numero irrisorio ogni anno, e le tipologie di merce erano poche decine o centinaia, era relativamente semplice valutare una mucca in termini di pecore o uova o grano. Anche allora era necessario, per chi voleva comprare una mucca e non disponeva di denaro se non nella forma di pecore del gregge, trovare il mercante disposto a quello scambio, o meglio il pastore interessato a diversificare i propri investimenti in ruminanti, il che non era affatto semplice.

Questa considerazione introduce il concetto di utilità marginale, nel senso che presupposto di ogni scambio è che si trovino almeno due persone che abbiano interesse a farlo e che trovino sufficiente soddisfazione dallo scambio così come viene proposto.

Se una mucca vale quattro pecore, e la mia necessità è quella di aumentare il gregge proprio di quattro pecore, non venderò due mucche, ma soltanto una. Il pastore potrà piazzare da me solo quattro delle venti pecore che intende vendere per comprare le cinque mucche di cui ha bisogno.

Insomma, si fa prima e si corrono meno rischi a vendere le pecore ad un intermediario, ricavare oro o altra moneta, e andare a comprare le pecore che si desiderava ottenere.

D'altra parte, se le pecore circolano con una qualche lentezza, le monete possono circolare con velocità crescente e servire un numero crescente di scambi[18]. La stessa quantità di moneta che può

---

[18]   Questo ragionamento che viene presentato come una caratteristica esclusiva del denaro, in realtà vale per ogni tipo di merce che funga, in un caso specifico da denaro. Un gregge di pecore, o un sacchetto di sale, può cambiare proprietario nello stesso giorno più volte ed essere utilizzato come base di valutazione degli scambi al pari dell'oro, del sale o delle mucche. Per quanto sia difficoltoso valutare il grano in termini di pecore o mucche, questo nondimeno non è impossibile. Questa considerazione rafforza la validità della legge di Say in un sistema con pochi scambi.

effettuare, poniamo, dieci scambi in una giornata, se la velocità di circolazione raddoppia ne può effettuare venti, e se decuplica, arriverà a cento. Questo fenomeno non è infrequente in un mercato vivace, dove molti operatori intervengono per acquistare e vendere nella stessa giornata più volte le stesse merci se dalle operazioni che effettuano ricavano un guadagno[19].

La stessa operazione, però, poteva essere effettuata anche con il sale o con il tabacco, mentre sarebbe più difficile concretizzarla utilizzando come moneta le pecore. La moneta, ha quindi un elevato (il più elevato) premio di liquidità, mentre le pecore l'hanno estremamente scarso.

La legge di Say ha altre conseguenze. La prima è che non esiste la disoccupazione involontaria, poiché se ogni offerta trova la sua domanda, anche l'offerta di lavoro troverà prima o poi collocazione. Secondo gli economisti, infatti, il lavoro è una merce come un'altra (ma guai a dirlo ai lavoratori, potrebbero prenderla a male). Il fatto che un'idea così ripugnante sia tranquillamente accettata da tutti gli economisti, è indice della profondità alla quale è arrivato il concetto di accumulazione monetaria nella logica economica.

Insomma, applicando la legge di Say, il sistema tende naturalmente verso la piena occupazione dove tutti i fattori della produzione trovano piena soddisfazione. Ovviamente, occorrerà del tempo affinché questo avvenga, sia perché non è facile trovare l'allocazione giusta, sia per il fatto che c'è una discrasia tra il tempo in cui si forma l'offerta di lavoro e quello in cui questa offerta viene soddisfatta dalla domanda, poiché tale domanda necessita di investimenti.

Però, a parte questa sfasatura temporale, cui si può porre rimedio con sostegni temporanei ai disoccupati, secondo questa impostazione, chi vuole una occupazione remunerata alla fine riuscirà a trovarla.

---

[19]   Questo è esattamente quello che avviene nelle borse che sono un mercato nel quale si scambiano merci in una forma particolare, data dal titolo rappresentativo di quelle merci. La borsa di Chicago, tempio mondiale dello scambio di merci, vede quotidianamente furiose trattative nelle quali la stessa partita, poniamo, di alluminio, viene scambiata decine di volte mediante i titoli che ne rappresentano i diritti di proprietà. Spesso questi scambi riguardano partite di merci in viaggio verso un porto e l'acquirente finale andrà a ritirarle all'arrivo.

Questa ipotesi, che Keynes dimostrò essere del tutto falsa, è alla base delle politiche di sussidio temporaneo ai disoccupati, ed al pregiudizio corrente nei loro confronti, che vede la disoccupazione come sostanzialmente fondata sulla mancanza o su una scarsa volontà di lavorare.

L'altra conseguenza è che tutto il prodotto che non viene consumato viene risparmiato, e poiché la produzione tende a crescere continuamente - per effetto dell'aumento di produttività, per l'introduzione delle macchine, per l'aumento della popolazione - anche il risparmio tende ad aumentare, soprattutto quando i bisogni principali della popolazione sono stati soddisfatti dalla produzione.

Questo comporta che per indurre i risparmiatori ad investire, è necessaria una politica di tassi di interesse che li inducano a correre il rischio di prendere i propri soldi da sotto il mattone e portarli in banca per rimetterli in circolazione.

iv. La crisi del '29 e Keynes

In base a questa ipotesi, negli anni Trenta, subito dopo la crisi del '29, gli economisti se la presero con gli accaparratori di oro ed altri preziosi che accusarono di essere la causa della crisi economica.

In quel clima, il provvedimento che vietava il possesso dell'oro ai privati, e che aveva tutt'altro scopo, fu accolto come una giusta misura per fare ripartire l'economia.

Keynes ci ironizzò sopra spiegando la sua idea della spesa in deficit pubblico con l'esempio della scoperta di un tesoro che era stato dapprima opportunamente nascosto dagli stessi che poi lo ritrovavano[20].

---

[20] Keynes sostenne che per ripristinare un clima di fiducia tra i cittadini e gli operatori economici lo Stato potesse sotterrare in terreni abbandonati bottiglie contenenti biglietti di banca e poi mettere all'asta il diritto di scavare nei terreni, paragonando questa attività allo scavare buche nel terreno per andare a cercare oro che egli giudica un'attività non meno improduttiva. La possibilità di trovare il *"tesoro"* nascosto avrebbe creato un'ondata di entusiasmo, e la sua "riscoperta" dopo lo scavo avrebbe fatto circolare di nuovo moneta creando un clima di fiducia e di ottimismo. J. M. Keynes, *Teoria generale dell'occupazione, dell'interesse e della moneta*, op. cit. pagg. 288-290. Keynes, per la verità

Secondo questa ipotesi fondata sulla legge di Say, il tasso di interesse tendenziale dovrebbe aumentare. Infatti, se con la crescita della produzione aumenta il risparmio poiché si riduce la propensione al consumo della popolazione, per convincere la gente a rischiare i propri denari è necessario un tasso d'interesse crescente.

Sulla scorta di questa folle considerazione, la Banca Centrale americana adottò la sua politica monetaria dopo la crisi del '29.

Inizialmente ridusse il tasso di sconto che passò dal 6% di prima della crisi all'1,50% del 1932. C'è una sinistra coincidenza con quanto è avvenuto dopo la caduta delle borse nell'aprile del 2000. All'incirca nello stesso lasso di tempo di allora, la FED ha ridotto il tasso di sconto dal 6,5% all'1,50%.

Anche allora accadde ben poco. La gente non aveva i soldi per mangiare e nessuno era in grado di andare in banca per chiedere un prestito.

Ovviamente, se non ripartiva la domanda, nemmeno le imprese erano in grado di chiedere prestiti, nonostante i tassi di interesse favorevoli, poiché dovevano prima smaltire i magazzini pieni di merci invendute e che marcivano lì dentro.

Visto che il taglio dei tassi non dava alcun effetto ragionevole, gli economisti provarono con l'inflazione cercando in questo modo di ottenere un'inversione di tendenza nel meccanismo finanziario aggredito dalla deflazione.

Che cosa era successo? La mancanza di domanda induceva i produttori ad abbassare i prezzi delle merci, ed ovviamente dovevano anche ridurre i salari ed il personale per sostenere i costi. La riduzione dei salari e del personale, incideva però sulla domanda complessiva facendola scemare, ed il sistema scivolava sempre più in basso verso prezzi al di sotto dei costi, questi che inseguivano i prezzi al ribasso e un numero crescente di disoccupati disperati.

Gli effetti della deflazione furono particolarmente devastanti nel settore agricolo, ed indussero una massa enorme di persone ad abbandonare le campagne e rifugiarsi in città alla disperata ricerca di un'occupazione qualsiasi.

---

addebitava la necessità di utilizzare questo tipo di trucchi alla nefasta influenza della politica sulla forma mentis della gente. Queste considerazioni di Keynes ci saranno utili per definire la ricchezza. Cfr. infra, sez. II cap. 5.

Gli economisti più influenti di allora, Schumpeter e Robbins, predicavano che non si poteva fare nulla contro la crisi se non aspettare che passasse.

Per l'economia classica la depressione non era un male curabile, anzi non era proprio contemplata dalla teoria. Schumpeter sostenne che ogni intervento volto ad alleviare gli effetti della crisi si sarebbe risolto in un aggravamento ed allungamento della stessa. Se gli economisti di allora li considerarono praticamente ininfluenti, gli imprenditori presero invece di mira i programmi di assistenza e di previdenza che il New Deal di Roosevelt aveva iniziato con il Social Security Act, sostenendo che essi avrebbero minato irrimediabilmente l'etica del lavoro[21].

Un economista, indubbiamente geniale, ingaggiato in un *brain trust* organizzato dai repubblicani del Republican National Committee, Thomas Nixon Carter di Harward, sostenne pubblicamente la necessità di sterilizzare i poveri d'America per ridurre la povertà. Egli sosteneva che erano poveri coloro che godevano di un reddito inferiore ai 1.800 dollari all'anno[22].

Vista l'inefficacia delle manovre sul tasso di sconto, gli economisti pensarono che si dovesse intervenire sulla base monetaria, che allora era l'oro, per far circolare più moneta.

Dopo il divieto di tesaurizzazione stabilito nel 1932 da Roosevelt nei primi tempi del suo mandato, ed il divieto di conversione delle banconote in oro, il governo americano pensò che per sostenere i prezzi potesse essere utile una strana manovra sul prezzo dell'oro.

George Warren, un economista studioso dell'andamento dei prezzi in agricoltura, fece notare che i prezzi dei prodotti agricoli seguivano l'andamento del prezzo dell'oro cosa che, come nota Galbraith, non è del tutto sorprendente.

Certamente sorprendente è l'idea che la correlazione funzioni anche all'inverso: aumentando il prezzo dell'oro sarebbero aumentati anche i prezzi dei prodotti agricoli. L'idea fu presa sul

---

[21]   Arthur M. Schelsinger Jr. scrisse: *"Con l'assicurazione contro la disoccupazione nessuno avrebbe lavorato; con l'assicurazione di vecchiaia e di reversibilità nessuno avrebbe risparmiato; ne sarebbe risultato un declino morale, una bancarotta finanziaria ed il collasso dello Stato"*, in J. K. Galbraith, *Storia dell'economia*, Rizzoli, Mi, 1988, pag. 242.

[22]   in J. K. Galbraith, *Storia dell'economia*, op. cit. pag. 219

serio dal governo Roosevelt che ideò un programma di acquisto a prezzi crescenti dell'oro ancora in circolazione nel paese. Il Ministero del Tesoro fece lievitare il prezzo dell'oro nel cambio con i dollari, portandolo in pochi mesi quasi a raddoppiare[23].

La manovra ebbe limitatissimi effetti solo sulle esportazioni americane, poiché il dollaro più a buon mercato rendeva le merci americane più appetibili. Ma il problema della crisi era la domanda interna e non quella estera, che già soffriva per conto suo dei problemi che avrebbero portato poi alla seconda guerra mondiale.

La domanda rimase debole e, nonostante le promesse elettorali e le previsioni che annunciavano anno dopo anno una forte e stabile ripresa dell'economia, le cose andavano sempre peggio. Nel 1937, dopo una breve ed effimera risalita, i prezzi ricominciarono a scendere con decisione.

Keynes comprese che se la Banca centrale può controllare l'inflazione rialzando i tassi, non può certamente fare altrettanto con la deflazione abbassandoli.

Galbraith usa in proposito un'immagine efficacissima. Si può spostare verso di sé qualcosa tirando un filo, ma non la si può allontanare spingendo il filo.

Insomma, per far ripartire la domanda era necessario che qualcuno spendesse dei soldi e solo lo Stato aveva la capacità di indebitarsi e creare in questo modo moneta per far ripartire le attività economiche. Keynes cercò di convincere le autorità politiche ad adottare la sua ricetta. Polemizzò con Churchill, si incontrò con Roosevelt, ma non riuscì a convincerli della bontà delle proprie tesi.

La cosa più strana è che dopo la recessione del 1937, gli americani adottarono proprio la politica di deficit pubblico di cui Keynes proclamava la necessità, e che altrettanto aveva fatto Hitler non appena salito al potere, riuscendo a portare la Germania fuori dalla gravissima crisi economica in cui versava dal dopoguerra. Agli occhi dei suoi contemporanei, le tesi di Keynes sembravano una giustificazione intellettuale della dolorosa necessità di una politica finanziaria folle, come quella di spendere di più di quello che lo

---

[23]   L'esecuzione del Programma Warren, portò il prezzo dell'oro da 0,66 dollari per grammo del 1933 a 1,12 dollari nel gennaio del 1934 (Galbraith, *Storia dell'economia*, op. cit. pag. 226).

Stato incassava, che non lo strumento per uscire effettivamente dalla crisi. Follia che era meglio nascondere facendo finta di nulla in attesa che il mercato rimettesse da solo le cose a posto.

Gli economisti che analizzavano lo stato dell'economia tedesca sul finire degli anni Trenta, ne preconizzavano l'imminente disastro economico, per l'impossibilità di sostenere finanziariamente le spese pubbliche in deficit che costituivano l'ossatura della politica economica nazista.

E quando scoppiò la guerra molti predissero che essa sarebbe durata pochi mesi poiché non esistevano le risorse economiche sufficienti a sostenere uno sforzo di maggiore durata.

Secondo Keynes, non è affatto detto che tutto il risparmio debba essere investito, poiché ci sono situazioni in cui la gente preferisce tesaurizzare il proprio risparmio se non ha fiducia nell'andamento dell'economia, e quindi non necessariamente dal risparmio si genereranno nuovi investimenti.

Se non aumenta la domanda, e peggio ancora se questa diminuisce, allora le imprese dovranno ridurre la produzione e licenziare gli operai, e questo genererà una ulteriore contrazione dei consumi finché il sistema non si assesterà su un livello di equilibrio che comprende una disoccupazione che può anche essere elevata. Ciò che lo farà muovere saranno nuovi investimenti, ma questi non potranno venire dal risparmio privato che, appunto, è tesaurizzato a causa della crisi.

Insomma Keynes dimostrò che il sistema economico lasciato a sé stesso, non tende affatto all'equilibrio della piena occupazione, ma che al contrario, esso si può ben equilibrare in una situazione di depressione, con un livello di consumo e di produzione bassi ed un alto livello di disoccupazione.

L'idea che il risparmio sia reddito non consumato e che esso debba salire necessariamente se cresce l'economia, è comunque ancora presente nella testa di molti economisti come in fondo, lo era anche nella testa di Keynes.

Sulla scorta di questa idea, è sufficiente che riparta un processo di crescita del PIL per ottenere nuovo risparmio, nuovi investimenti ed innescare un nuovo circuito virtuoso.

Perciò la cura proposta da Keynes fu quella che lo Stato dovesse intervenire facendo debiti pur di immettere nel sistema la liquidità necessaria per nuovi investimenti e per creare un clima di fiducia che inducesse i risparmiatori ad abbandonare la propria reticenza all'impiego dei capitali tesaurizzati.

Per questa ragione, tutte le politiche monetarie tendono ad effettuare iniezioni di liquidità nel sistema sufficienti a creare nuovi investimenti che possano generare nuovo risparmio.

v. Dopo la rivoluzione keynesiana: monetarismo e liberalismo

La rivoluzione keynesiana, così come venne chiamato il complesso di interventi proposti da Keynes e dai suoi sostenitori, si impose subito dopo la fine della seconda guerra mondiale, e generò una corrente di pensiero che restituiva allo Stato il ruolo di regolatore del mercato e dell'andamento dell'economia.

Seguirono oltre vent'anni di ininterrotta crescita nelle economie di tutto il mondo, finché con l'inizio degli anni settanta non apparve lo spettro dell'inflazione a dimostrare che nel modello ideato dai keynesiani c'erano alcune incongruenze che ne limitavano l'efficacia e la validità.

D'altra parte Keynes si era occupato essenzialmente della grande depressione del '29 ed il suo *Teoria Generale* parla prevalentemente dei problemi di quel periodo. Allora il problema principale per la finanza era la deflazione e non certo l'inflazione, e la cosa urgente da fare sembrava proprio quella di far ripartire l'economia a tutti i costi.

Come ho già detto, Keynes giustificò in termini scientifici quell'indebitamento dello Stato che durante la crisi fu preso per una dura necessità politica anche se dalle conseguenze gravide di incognite.

All'inflazione pose rimedio il monetarismo di Friedman e della scuola di Chicago che mandò in soffitta il keynesismo.

Friedman dimostrò che l'offerta di moneta aveva una propria autonoma funzione all'interno del sistema mentre la teoria economica non la considerava affatto, in questo riecheggiando in qualche modo la legge di Say. Per frenare i prezzi era necessario quindi, ridurre l'offerta di moneta, e poiché questa dipendeva dal sistema bancario, la Banca centrale avrebbe dovuto rialzare i tassi di interesse in modo da indurre gli imprenditori a rinunciare ad ulteriori investimenti sul debito.

Andò così, e l'effetto collaterale fu che molte aziende fallirono perché non più in grado di fare fronte ai propri debiti contratti in un periodo in cui i tassi erano molto più bassi, e che altre furono costrette a licenziare parte dei propri dipendenti per evitare a loro volta la chiusura.

In questa situazione, le rivendicazioni salariali subirono un duro colpo e in molti casi i salari furono ridotti, inducendo il sistema ad uno stato di equilibrio con disoccupazione alta e domanda bassa, ma la moneta fu salva e l'inflazione venne domata.

Ovviamente, per fare fronte anche all'aumento di oneri finanziari derivante dal repentino aumento dei tassi di interesse, gli Stati dovettero aumentare le tasse e questo produsse nuova depressione nel sistema.

Alla fine, però, la grande massa monetaria che derivava dalla speculazione finanziaria, non appena i tassi di interesse cominciarono a calare, si riversò sulle borse e in parte sull'economia reale dando vita al boom finanziario degli anni ottanta.

Il resto è storia dei nostri giorni. Gli investitori fuggono spaventati, abbandonando gli investimenti, non appena c'è aria di crisi, e vi rientrano in massa quando tira aria di speculazione. Questo comportamento produce momenti di euforia collettiva alternati a momenti sempre più lunghi di panico e depressione economica.

I capitali invadono un paese, inondandolo di liquidità per un mezzo punto in più di interessi che esso offre, e incuranti del rischio che l'investimento comporta, poiché in realtà questo rischio non è affatto considerato. All'investitore finanziario, interessa la misura della rendita e non la qualità dell'investimento.

Al primo segnale di crisi, reale o immaginaria che sia, se ne vanno come una mandria di bufali impazzita, travolgendo tutto quello che incontrano sul loro cammino.

E' la storia recente delle crisi nel Centro America, nei paesi del Sud Est Asiatico, in Russia e in Sud America. Tra alti e bassi sempre più profondamente marcati, il sistema è andato avanti fino ad oggi, continuando a creare moneta nel sistema finanziario e continuando ad arricchire i pochi ai danni dei più. Il divario tra paesi ricchi e paesi poveri si è moltiplicato, e nazioni un tempo considerate ricche sono precipitate ai livelli di reddito che avevano prima della seconda guerra mondiale. All'interno dei paesi ricchi, è sempre più evidente il divario tra ricchi e poveri, e tra i poveri si annoverano fasce sempre più ampie della classe media. La povertà, poi, sta di nuovo assumendo i connotati che aveva durante l'ottocento o i primi decenni del novecento: comporta l'assoluta privazione di tutto, compresi i mezzi di pura sussistenza, cosa assolutamente intollerabile con l'abbondanza di mezzi e di risorse di cui è dotata la società industriale moderna[24].

vi.   Il fallimento del monetarismo

Nonostante la produzione del mondo sia stata in sostanziale crescita, il tenore di vita medio delle popolazioni è rimasto stabile se non si è ridotto negli ultimi dieci anni. Il risparmio, un tempo motore dell'economia poiché determinante per gli investimenti, si è ridotto se non azzerato per effetto delle difficoltà crescenti delle famiglie a fare fronte con i propri redditi alle spese correnti.

---

[24]   *"Nel mondo moderno esistono materie prime a sufficienza, lavoro, impianti, mano d'opera qualificata, nozioni scientifiche e tecnologiche adeguate e, in generale, ricchezze sufficienti ad alimentare - anzi, a sovralimentare – i suoi abitanti. E nondimeno, in detto mondo moderno, si rinnovano puntualmente, periodicamente, crisi "economiche" e disoccupazione operaia con il suo corollario: la fame. La scienza economica ufficiale giustifica questa alternanza di fasi di prosperità e di recessione, biascicando di benessere fittizio ed eccesso della produzione ed approdando alla stupefacente conclusione che sia logico e naturale veder gente ciondolare di fame e miseria accanto a magazzini straripanti di ogni mercanzia. Personalmente sono arrivato alla conclusione che la cosiddetta scienza economica contemporanea costituisca [..] un "bluff" piramidale, che però quasi nessuno osa denunciare per il timore di passare per incompetente, disinformato, retrogrado, eccetera agli occhi della massa conformista e genuflessa in adorazione delle idee codificate. Quali che siano infatti le possibili obiezioni, è innaturale – e quindi impossibile – che la gente crepi di fame per aver prodotto troppi beni di consumo".* Joaquin Bochaca, *La Finanza e il Potere*, Roma 1979

Anche in altri periodi della storia del capitalismo moderno ci sono stati momenti in cui il risparmio non si riusciva a creare, periodi in cui la crescita ristagnava o era negativa. Nei periodi in cui la produzione nazionale cresceva, invece, corrispondeva anche una crescita del risparmio e questo confortava le teorie di allora.

Invece, da circa un decennio, in tutto il mondo occidentale assistiamo ad una caduta del risparmio unita ad una caduta dei redditi, nonostante il prodotto nazionale continui a salire.

Per la verità, in alcuni paesi fortemente industrializzati, come il Giappone ad esempio, la crescita del sistema da molti anni sembra essersi arenata poiché oscilla tra momenti di stagnazione ed altri di lieve recessione.

In Europa e negli Stati Uniti, invece, i dati statistici danno una complessiva crescita del PIL, decisamente più marcata nel continente americano, e allo stesso tempo una grave crisi della formazione del risparmio.

Negli USA, il risparmio è da anni diventato negativo, nonostante tassi di crescita che per effetto della new economy hanno superato il tasso del 6% all'anno, mentre in Europa il risparmio si è di molto ridimensionato fino a raggiungere la crescita zero in alcuni paesi.

Che cosa è successo? Gli occidentali sono diventati improvvisamente scialacquatori, e dopo aver ottenuto la sicurezza alimentare spendono tutto quello che guadagnano in consumi?

Questa non sembra essere la risposta corretta, poiché in effetti anche la domanda di beni di consumo ristagna o cresce in misura ridotta da molti anni. Oltretutto, è notorio che le famiglie dal principio degli anni novanta hanno visto ridurre il proprio reddito ed hanno difficoltà crescenti a sostenere il peso delle spese correnti. Nello stesso periodo le famiglie povere sono aumentate e quella che sembrava una società opulenta per tutti (e oggettivamente lo è ancora rispetto al tenore di vita medio del XIX secolo), è diventata estremamente opulenta solo per pochi.

Altro dato noto, è che larghe fasce di classe media stanno scivolando verso il basso in condizioni di crescente difficoltà.

Le difficoltà della domanda di beni di consumo, ovviamente si riflettono sulla domanda di beni strumentali e le politiche fiscali adottate in occidente non sembrano avere alcuna efficacia.

Politiche diversissime tra di loro se, mentre in Europa si aumentavano in maniera sostanziosa le imposte e si spingeva la gente a fare sacrifici, negli USA è stata adottata la politica opposta di ridurre le imposte e liberalizzare il più possibile il sistema economico.

Ebbene, sia in Europa che negli USA, con una certa sfasatura temporale dovuta alle differenti condizioni economiche e politiche dei due continenti, l'economia ha dapprima rallentato e poi, con l'inizio del nuovo millennio, è entrata in una crisi di grave portata e dall'esito assolutamente incerto, sia per il profilo economico che per quello politico.

Questa situazione non si riesce ad affrontare efficacemente con i tradizionali strumenti di intervento elaborati dal pensiero e dalla pratica economica e finanziaria dopo Keynes. La sensazione sempre più diffusa è che gli strumenti di intervento abbiano del tutto perduto la loro capacità di incidere sull'economia.

Da un lato, la spesa pubblica è fortemente ridotta in Europa dai limiti imposti dall'accordo di Maastricht che impone ai paesi aderenti di raggiungere il pareggio di bilancio entro una data prefissata e comunque di tenere in costante ribasso il deficit annuale.

Negli Stati Uniti, dopo due anni straordinari di gestione in avanzo di bilancio, a seguito di una congiuntura favorevole, che ha visto la riduzione delle spese pubbliche sommarsi ad una stagione eccezionale di guadagni borsistici e di crescita dell'economia, il deficit ha ripreso a salire e con esso il debito pubblico, né questo è valso a far riprendere l'economia statunitense.

D'altra parte, sull'economia americana grava un pesante disavanzo della bilancia dei pagamenti alimentata anche dalla scarsa competitività delle merci statunitensi per effetto della debolezza dell'euro.

Gli interventi sui tassi delle banche centrali europea ed americana, non hanno parimenti prodotto alcuni risultato tangibile. Negli USA, il Presidente della FED, Alan Greenspan, ha tagliato i tassi in rapida successione portandoli dal 6,5% del gennaio 2000 all'1,50% dell'ottobre 2002. Nonostante ciò, l'economia non solo non si è ripresa, ma continua a dare segni sconfortanti agli operatori finanziari ed economici e ad aggravare il clima di sfiducia che si è creato circa la ripresa dell'economia e intorno alle sue istituzioni.

Le peggiori previsioni sull'andamento dei corsi borsistici si sono realizzate nello sconforto generale, e non sembra affatto che si sia raggiunto il fondo della discesa. Insomma, né gli interventi monetari, né le iniezioni di liquidità possibili per effetto della spesa pubblica in deficit, hanno portato ad alcun risultato tangibile.

La BCE, per sostenere il deprimente corso dell'euro, ha tenuto i tassi ad un livello decisamente più elevato del dollaro, e anche questo, oltre ai vincoli portati dall'accordo di Maastricht non ha favorito la ripresa dell'economia europea che ogni anno viene rinviata a quello successivo, tra l'imbarazzo (si fa per dire) delle autorità responsabili, lo sconforto degli operatori economici, e l'irritazione crescente della gente comune, che comincia seriamente a dubitare dell'affidabilità di governi, economisti e persino di istituzioni tradizionalmente attendibili come l'ISTAT.

L'effetto più evidente della crisi è proprio quello della debolezza cronica della domanda. Così come nel '29, le aziende hanno i magazzini pieni, ma mancano i soldi per acquistarle, nonostante le favorevoli condizioni cui molte merci sono offerte.

In molti settori dell'economia di produzione si sta verificando una situazione di grave deflazione, insieme ad una accelerazione dei prezzi di altri beni, in genere di beni durevoli o di investimento come gli immobili.

Gli investimenti in borsa, dopo la sbornia speculativa dell'inizio del secolo, hanno subito un drastico ridimensionamento in tutto il mondo che in alcuni settori ha assunto la dimensione del crollo.

Insomma chi ha i soldi se li tiene o al più li investe in immobili, con questo contribuendo al rallentamento della velocità di circolazione della moneta.

Ogni tanto si assiste a fiammate speculative in un settore o in un altro, ovvero da un paese all'altro, subito seguite da rapidissime fughe degli investitori speculatori. Alla fuga, segue il disastro economico del settore o del paese.

E' una nuova specie di quella trappola della liquidità che fu lucidamente analizzata da Keynes. I soldi ci sono, ma non vengono spesi e il clima di sfiducia che genera la mancanza di investimenti produce altra sfiducia ed altra tesaurizzazione con conseguente aggravamento della crisi.

Ovviamente la liquidità esistente è concentrata in poche mani ed è essenzialmente generata nel debito, poiché lo strumento principale per la creazione di moneta nel nostro sistema è appunto il debito.

La situazione è apparentemente senza via d'uscita. Da un lato le autorità monetarie non possono creare troppa moneta perché questa genererebbe un'ondata di inflazione, e dall'altra senza denaro in circolazione le imprese non possono fare investimenti e creare nuova ricchezza. Il denaro esistente o viene *"bruciato"* in attività speculative che si risolvono in una brusca caduta dei prezzi degli strumenti finanziari (come in borsa) oppure alimenta ondate inflattive gonfiando i prezzi in determinati settori dell'economia[25]. Senza gli investimenti le imprese sono costrette a ridimensionarsi e a ridurre il personale e questo produce una ulteriore contrazione della domanda ed aggrava la crisi economica.

---

[25]   Come nel settore immobiliare o in quello dell'energia, dove si assiste a violenti rialzi di prezzi non giustificati dal mercato.

IV. LA RICCHEZZA

i. Economia agricola ed economia industriale

Come si può affrontare questa situazione?

E' evidente che gli strumenti tradizionali di intervento sull'economia non sono in grado di stimolare una risposta efficace e che se pure producono degli effetti positivi questi sono temporanei e soprattutto, comportano sacrifici e rinunce di gran parte della popolazione.

Questa è la conseguenza più assurda, se pensiamo che l'enorme capacità produttiva che ha sviluppato il sistema industriale moderno è in grado di soddisfare le necessità essenziali di tutta la popolazione mondiale. A maggior ragione se poniamo mente alle potenzialità di ulteriore sviluppo e vediamo che esso è frustrato dalla mancanza di mezzi finanziari, mentre le potenzialità tecniche e umane continuano a crescere in maniera esponenziale.

Mancano dunque, i mezzi finanziari mentre non manca certo la ricchezza. Ma che cosa intendiamo per ricchezza? Che cos'è la produzione di ricchezza e per quale ragione la sua crescita deve essere limitata per non creare eccessivi squilibri nel sistema economico?

Per millenni la ricchezza prodotta nel mondo è rimasta pressoché stabile. La produzione era essenzialmente agricola e bastava a mala pena a soddisfare le esigenze della popolazione. Quando questa era in eccesso rispetto alle capacità produttive delle terre locali, arrivava una guerra o una pestilenza o semplicemente la fame a ristabilire l'equilibrio rotto dalla sovrappopolazione.

Certo, le civiltà che hanno preceduto la nostra hanno costruito molto, hanno generato grandi idee in parte riflesse nei grandi monumenti che sono stati edificati per dare gloria eterna a quelle idee, hanno lasciato opere d'arte e letterarie ineguagliabili ed intrecciato un tessuto connettivo di relazioni e di cultura nel quale affondano le nostre radici.

Però, la loro economia è stata per migliaia di anni un misto di lotta per la sopravvivenza e di rapine, con intervalli più o meno lunghi di relativa prosperità e altri periodi di duri sacrifici e cupa disperazione.

L'idea di utilizzare per produrre mezzi e risorse diverse dalla pura forza animale (schiavi, cavalli e buoi) è propria dell'inizio dell'era industriale, nonostante gli antichi conoscessero perfettamente la maniera di costruire macchine anche complesse e le utilizzassero per scopi diversi dalla produzione.

Molti dei principi sui quali si fondano le nostre macchine, erano noti ai matematici ed ai fisici greci e romani e, "dimenticati" dopo la caduta dell'impero romano per molti secoli, furono, poi, riscoperti dal rinascimento in poi.

Con l'industrializzazione, l'umanità ha cominciato a svincolarsi dall'economia del bisogno ed a produrre regolarmente un'eccedenza significativa rispetto a quanto necessario per soddisfare i propri bisogni immediati.

Sono passati solo duecento anni dall'inizio del fenomeno, e non è strano che il nostro concetto di ricchezza sia ancora legato a quello che ha spinto per millenni l'umanità alla guerra, alla rapina e alla schiavitù.

Nota Galbraith[26], che l'economia agricola è essenzialmente schiavistica mentre quella industriale non lo è. L'asservimento nell'industria si esprime in una forma del tutto diversa, e la relazione giuridica propria dello schiavismo non è affatto adatta a quella produzione.

Sta di fatto che la schiavitù è stata una realtà legale fino a centocinquanta anni fa nel mondo occidentale e fino a pochi anni fa in alcuni paesi dell'Africa (dove peraltro, essa viene tuttora praticata), e che solo nel secondo dopoguerra, ovvero da meno di sessant'anni, lo schiavismo è stato considerato un crimine contro l'umanità. C'è anche da considerare che ancora oggi in molti paesi la schiavitù viene praticata impunemente, nonostante la dichiarazione universale dei diritti dell'uomo e che il numero effettivo degli schiavi attualmente nel mondo si calcola tra i cinquanta e i duecento milioni.

---

[26]   J.K. Galbraith, *Storia dell'economia*, Rizzoli, Mi, 1990

Con questo voglio dire che non è facile estirpare l'idea che il possesso di un uomo e delle sue qualità fisiche e morali sia una ricchezza invece che un crimine contro l'umanità. Il riflesso di questa antica abitudine è nell'atteggiamento nei confronti degli immigrati, a volte trattati peggio delle bestie e considerati, anche a livello legislativo, come mere forze di lavoro che possono godere di diritti non in quanto esseri umani ma in quanto *"cose produttive"*.

Questa aberrazione è figlia dell'etica del lavoro, per la quale l'uomo in tanto esiste in quanto è produttore di ricchezza.

L'uomo che consuma non ha diritto all'esistenza nel mondo disegnato dall'etica del lavoro. Ciò sembra in contraddizione con la considerazione generalmente accettata nella società del consumo, nella quale il ruolo dell'uomo e la sua essenza dipendono, appunto, dalla qualità e dalla quantità del suo consumo.

Questa contraddizione spinge verso un'idea dell'uomo come produttore-consumatore, cioè come colui che deve produrre il più possibile e consumare il più possibile per avere il diritto di essere considerato nella società.

Le due cose sono però storicamente contraddittorie, come abbiamo visto. In una società contadina l'uomo che produce non può essere l'uomo che consuma, poiché altrimenti sarebbe *libero*, mentre l'essenza della relazione di potere nella società agricola è la schiavitù (che si è perpetuata in varie forme fino ai nostri giorni, o come schiavitù legale o come servitù della gleba).

Nella società industriale l'uomo non può essere schiavo perché deve essere anche consumatore (fino a divorare sé stesso come faceva l'antico signore dell'universo Cronos con i suoi figli). La modernità esige che l'uomo sia produttore e consumatore allo stesso tempo, con ciò negando la natura stessa del potere. Nelle società antiche, infatti, i produttori erano gli schiavi, mentre i consumatori erano i liberi, padroni della società, degli schiavi e alla ricerca della padronanza di sé.

Non è che il fatto di essere consumatori renda liberi, tutt'altro. Gli uomini sono spinti al consumo per la necessità del sistema produttivo di crescere, e di quello finanziario di esercitare attraverso il debito il proprio potere. Attraverso il consumo si esercita, quindi, una forma più moderna di potere. Però è indubbio che ci sia una contraddizione tra la forma arcaica e diretta di potere e quella moderna e indiretta rappresentata dalla spinta verso il consumo.

ii. La questione della coscienza

Nella più remota antichità gli uomini non avevano alcuna coscienza individuale.

La personalità si esauriva nella consapevolezza di essere parte di una comunità, alla quale il singolo tributava la propria intera esistenza. Il concetto di anima nasce nella società greca con l'inizio della tragedia, anche se in Eschilo esso è ancora indistinto e solo con Sofocle e meglio con Euripide assume una propria valenza particolare.

Insomma, con la tragedia greca nasce la coscienza individuale come distinta dalla coscienza collettiva. Che questo fosse un problema essenziale è dimostrato dalla sorte di Socrate, il cui sacrificio dipese proprio da questa contrapposizione, cui egli rispose semplicemente sottoponendovisi e riconoscendone la funzione essenziale per la conservazione della comunità.

La nascita della psiche greca, però, non comporta ancora una contrapposizione interna all'uomo stesso tra corpo e anima.

La coscienza di sé non comportava alcuna separazione. Emergeva, semmai una contraddizione tra chi aveva l'anima e quindi coscienza di sé, e chi non l'aveva. Gli schiavi, in quanto non liberi di disporre del proprio corpo, non avevano l'anima, così come per la medesima ragione, non l'avevano le donne. Solo chi disponeva pienamente del proprio corpo poteva avere coscienza ed aveva certamente un'anima dentro il proprio corpo.

Con il Cristianesimo la questione si rovescia. Il Cristianesimo, infatti, attribuisce un'anima a tutti gli uomini, indipendentemente dalla propria condizione sociale e giuridica. Insomma, separa l'anima dal corpo e questo evento assunse allora un carattere particolarmente rivoluzionario, poiché creava un ambito sul quale il potere non aveva alcuna influenza.

Il potere dell'imperatore, diretta conseguenza del modo di produzione agricolo, era esercitato direttamente sul corpo. Il tributo alla dignità imperiale, cui erano tenuto tutti i popoli soggetti a Roma, era una manifestazione meramente esteriore che aveva la funzione di sancire la sacralità del potere imperiale, ma non pretendeva di estendersi all'anima degli individui, anche perché il presupposto era che la maggior parte di costoro ne fosse del tutto priva. Attribuendo l'anima a tutti, il Cristianesimo crea una categoria del tutto nuova della coscienza, sulla quale l'esercizio del potere è impossibile. Questa contrapposizione tra anima e corpo, tra libertà e potere si acuirà nei secoli successivi, insieme con i tentativi del potere di estendere la propria influenza all'interiorità per garantirsi un controllo più efficace di quello dell'impero romano.

Quando il Cristianesimo assumerà una dimensione metafisica e si porrà esso stesso come strumento di potere, utilizzerà un'arma potentissima per questo fine, il controllo delle intenzioni. La definizione delle intenzioni è uno strumento per estendere il controllo collettivo, e poi del potere, sull'anima delle persone, poiché assume nell'ambito della colpa non solo i *comportamenti*, che esprimono l'esteriorità, ma anche i *pensieri* che appartengono proprio all'interiorità, ovvero all'anima.

Attraverso questo passaggio, storicamente definito dall'istituzione della confessione come sacramento, il Cristianesimo cerca di riportare ad unità la contraddizione dell'anima con il corpo. Rendendo ugualmente sanzionabili comportamenti ed intenzioni, attraverso il meccanismo della colpa, la separazione perde la sua funzione, che era quella di sottrarre la persona all'esercizio del potere imperiale. Oltretutto la contrapposizione tra corpo e anima genera una contraddizione logica irresolubile, per l'impossibilità di separare la coscienza di sé dal comportamento[27].

La parabola della separazione dell'anima e del corpo nel cristianesimo ci insegna come uno strumento rivoluzionario si trasformi in uno strumento di controllo e di esercizio di potere. Ma ci mostra anche, come per il potere sia necessario cambiare natura

---

[27]   Sull'impossibilità di separare anima e corpo, rimando ad una divertente ed istruttiva storiella, rigorosamente logica, raccontata da Raymond Smullyan, un logico americano contemporaneo, nel libro di D. R. Hofstadter e D. C. Dennett, *L'io della mente*, Adelphi, Mi, 1985, dal titolo *Un dualista sfortunato*.

per continuare a prosperare. Questa dialettica è parte essenziale della storia dell'uomo. L'origine del potere mediatico è in questa storia della coscienza dell'uomo.

iii. Produttori e consumatori

La contraddizione si esprime nella forma di coscienza della libertà che la scelta per il consumo comporta.

La storia del capitalismo industriale comincia con relazioni di lavoro molto simili a quelle schiavistiche della società contadina. Gli operai lavoravano fino a sedici ore al giorno ed il loro salario era commisurato strettamente alla sopravvivenza. Il pensiero economico di allora rifletteva questa situazione nelle idee conservatrici di Malthus e in quelle rivoluzionarie di Marx.

Sotto la spinta delle idee rivoluzionarie e del cristianesimo che si battevano entrambi per migliori condizioni di vita e di lavoro per gli operai, la giornata lavorativa fu progressivamente ridotta, ma l'idea di creare un *produttore-consumatore* fu sostanzialmente di Ford che per fare uscire la sua fabbrica di automobili dalla crisi in cui l'aveva cacciata la Grande Depressione, prima di gettare la spugna dopo averle provate tutte, decise che restava solo di costruire automobili per venderle agli operai che le costruivano.

Per farlo, era necessario che la Ford producesse a costi molto bassi e quindi in quantità considerevoli. Nacque così nel 1935 il piano, sostenuto dal governo Roosevelt, di produrre un milione di autovetture, utilitarie tutte uguali persino nel colore, mentre fino ad allora la Ford era stata una fabbrica di auto di lusso come tutte le altre.

Ford riaprì i cancelli della fabbrica ed assunse quegli stessi operai cui due anni prima aveva fatto sparare addosso dalla polizia, perché volevano occupare la fabbrica per protesta contro i licenziamenti. Gli operai si indebitarono per comprare la macchina, e il piano di Ford ebbe successo.

Insomma, il capitalismo comprese ad un certo punto della sua storia, che era necessario che i i produttori diventassero consumatori dei prodotti che essi stessi creavano e questa idea fu alla base della ripresa economica del secondo dopoguerra.

La contraddizione tra produttore e consumatore si riflette nella contraddizione tra offerta e domanda. I produttori devono diventare consumatori altrimenti la domanda non cresce con la crescita dell'offerta dei beni, contrariamente a quanto supponesse l'economia classica con la legge di Say.

Essere consumatori non consapevoli equivale ad essere servi del sistema di potere dominante. Il consumo è di per sé uno strumento che favorisce la presa di coscienza, poiché il presupposto del consumo è la scelta.

Di conseguenza, per mantenersi il potere tende proprio ad attaccare la possibilità per l'uomo di compiere scelte consapevoli con il suo consumo, da un lato sottoponendolo ad un bombardamento mediatico per imporgli un modello di vita tutto incentrato sul consumo come fine dell'esistenza, dall'altra costringendolo a scegliere *determinati* beni di consumo attraverso il potere del debito.

Prendere coscienza, quindi, della potenzialità liberatoria dell'atto di consumo è un fatto rivoluzionario, che rompe il dominio del potere esercitato attraverso gli oggetti del consumo.

Nell'essere produttore l'uomo è anche produttore di sé stesso, e nel consumare consuma anche sé stesso in quanto strumento della produzione ed oggetto del processo di produzione. In questo consumare sé stesso è compreso un residuo dell'antico rapporto schiavistico, la considerazione dell'uomo come oggetto della produzione.

La relazione nella società industriale, è però complicata dal fatto che questa subordinazione dell'uomo al consumo è una relazione tutta interna alla coscienza dell'uomo. Essa è stata interiorizzata come relazione di potere ed è la fonte dell'alienazione, ovvero dell'essere altro da sé dell'uomo.

Questa alienazione è necessaria così come il controllo del potere (attraverso il mediatico e il debito) sul consumo, poiché altrimenti emergerebbe la possibilità dell'uomo di esercitare un consumo consapevole, che consiste anche nel non-consumo.

Questo, porterebbe ad un indebolimento della relazione di potere, laddove le scelte fossero orientate dalla coscienza critica e non dalle necessità dell'apparato produttivo.

In conclusione, il consumo in sé non è un atto liberatorio, anche se, rispetto all'uomo soltanto produttore, il *produttore-consumatore* gode certamente di un grado maggiore di libertà. Ma si tratta di libertà potenziale, poiché, in effetti, senza la coscienza critica del consumo responsabile, non è possibile effettuare alcuna scelta.

La contraddizione produzione-consumo è una contraddizione debole, poiché esige un elevato grado di coscienza affinché essa possa tradursi in reale contrapposizione al sistema di potere.

Nel sistema è però presente anche un'altra contraddizione, che determina la necessità di una crescita della coscienza e della consapevolezza dei produttori-consumatori. Si tratta della contrapposizione tra produzione materiale e produzione immateriale.

Non è disgiunta dall'altra tra produttore e consumatore, poiché nella produzione immateriale le due figure finiscono spesso per sovrapporsi. I produttori di immateriale finiscono spesso per essere consumatori all'interno di un sistema di scambio nel quale ciascun produttore contribuisce per una frazione del prodotto e riceve l'intero.

Questa situazione è peculiare della produzione immateriale, nella quale il prodotto si moltiplica, al contrario di quella materiale in cui il prodotto si divide. In particolare, la moltiplicazione dell'oggetto della produzione è vera per tutti quei beni che richiedono la collaborazione e l'impegno di una pluralità di soggetti come ad esempio il software. Insomma, due persone che si scambiano degli oggetti restano con *un oggetto per uno*, due che si scambiano un'idea si trovano con *due idee ciascuno*.

La ricchezza immateriale ha potenzialmente una capacità di crescita *illimitata* a differenza di quella materiale che è soggetta ai limiti propri della scarsità[28].

---

[28]	La contrapposizione è solo apparente, poiché tra breve vedremo che anche per i beni materiali la scarsità non esiste se non in quanto frutto del potere. Cfr. infra, sez. IV cap. 6 Il capitale sociale.

La libertà dell'uomo consumatore di beni materiali è limitata dalla scarsità dei beni prodotti e dalla loro collocazione. Quella dell'uomo *consumatore* di beni immateriali è limitata dal tempo a disposizione e dalla capacità di apprendimento, poiché ogni bene immateriale è raggiungibile per essere "*consumato*"[29].

Qui dobbiamo rilevare una contraddizione nel nostro linguaggio. La relazione con i beni immateriali non può essere ascrivibile all'ambito del consumo che è proprio dei beni materiali. In altri termini, la produzione immateriale modifica la stessa natura dell'uomo nell'approccio economico.

Da *consumatore* l'uomo diventa *fruitore*.

In questo senso, l'intuizione di Rifkin[30] che annette una grande importanza all'emergere di una relazione di "*accesso*" ai beni in luogo di quella tradizionale di "*proprietà*", è, senza dubbio, fondata. Tuttavia, non possiamo riferirla ai beni materiali se non in maniera del tutto marginale, mentre l'essenziale sfugge all'analisi di Rifkin. L'accesso, nel senso di fruizione, godimento, disponibilità dei beni è essenziale per i beni immateriali, e data la loro crescente importanza nell'economia, la stessa relazione tra gli uomini ed i prodotti economici ne risulta radicalmente trasformata.

iv. Dal consumatore al fruitore

L'uomo produttore di beni agricoli necessari per la sussistenza è lo schiavo dell'antichità. La libertà consiste nel possedere un numero di schiavi sufficiente a garantirsi la produzione dei beni necessari alla vita. L'uomo libero dell'antichità, infatti, non lavora ma usa gli uomini che ha reso schiavi per il lavoro materiale. Solo in questo modo egli si garantisce la possibilità di avere una coscienza. L'anima ce l'hanno solo gli uomini liberi, gli schiavi la perdono nel momento in cui perdono la libertà. E' un mondo duale quello della

---

[29]   La differenza tra produzione immateriale e materiale è chiara nel seguente esempio. Se il totale del prodotto è una torta e decidiamo di goderne tutti in parti uguali, dobbiamo dividerla tra noi. Se siamo in venti avremo il doppio che se siamo in quaranta. Se il totale del prodotto è un film, non dobbiamo dividere un bel nulla, poiché tutti, sia che siamo venti o quaranta o un miliardo, possiamo goderne l'intero.

[30]   J. Rifkin, *L'accesso*, Rizzoli, Mi, 2001

produzione agricola per mezzo degli schiavi. Da una parte, le anime di coloro che sono abbastanza forti da potersi assicurare la libertà, e dall'altra i corpi di coloro che non lo sono stati ed il cui scopo nella vita è quello di assicurare le migliori condizioni di vita agli spiriti liberi.

Con l'industrializzazione mutano anche i rapporti sociali e la relazione dell'uomo con sé stesso. L'uomo rientra in sé, diventando consumatore dei beni che egli stesso produce. Però, questo rientro in sé, non gli dà alcuna libertà, poiché il potere sposta la sua influenza dal corpo all'anima dei suoi schiavi.

Il *produttore-consumatore* deve consumare i beni della produzione secondo criteri che prescindono dalle sue scelte e che vengono decisi dallo stesso sistema di produzione. Insomma egli non sceglie che cosa produrre e nemmeno sceglie che cosa consumare.

Questo processo decisionale, ovviamente non è pienamente cosciente, non esiste, insomma, il *"grande vecchio"* che decide la sorte di ciascuno. Si tratta di un processo di condizionamento oggettivo che avviene indipendentemente dalla volontà cosciente dei protagonisti del sistema. Il modo di produzione ha oggettivamente la necessità di controllare le coscienze in misura sempre maggiore, poiché è per quella strada che verifica quotidianamente la possibilità di sopravvivere e di crescere[31].

Semmai, la coscienza di questo fenomeno che ha inizialmente una dimensione puramente empirica, è data dalla scienza della comunicazione e dalla pianificazione delle campagne pubblicitarie. Si è, insomma, verificato che i condizionamenti a livello inconscio hanno un'efficacia maggiore sulle vendite dei prodotti della pura e semplice illustrazione della bontà del prodotto, come avveniva nei tempi pionieristici della pubblicità.

Storicamente avviene una sorta di trasfigurazione dell'uomo produttore in consumatore, processo in cui l'essere consumatore assume, mano a mano, un'importanza sempre maggiore. Nella trasfigurazione, il *produttore-consumatore* acquista coscienza di sé e della propria libertà. Questa coscienza di sé assume una dimensione retorica per il potere.

---

[31]   Cfr. sul controllo mediatico e sulla sua natura di potere, J. Rubin, *Il fascino del fascismo rosa*, Malatempora, Roma, 2001

Se potesse esprimersi nelle cose, la coscienza di sé sarebbe rivoluzionaria e cambierebbe il mondo. Pertanto il potere ha necessità di circoscriverla in un ambito controllabile cosicché essa stemperi la sua potenzialità rivoluzionaria fino a perderla. Questo ambito è definito dalla metafisica[32].

E' questa la necessità della natura metafisica del denaro. Esso svolge la funzione di spostare dal mondo la coscienza di ogni individuo e proiettarla in un universo in cui tutto è dominato da un pensiero *altro*. Che è, poi, il pensiero unico del mediatico, tradotto a livello materiale dall'unicità *"divina"* del denaro, fonte di ogni bene e tra questi, soprattutto, la sicurezza individuale.

Ne segue che ogni discorso sulla libertà e sull'individualità all'interno di questo sistema metafisico, assume una valenza retorica.

La retorica della libertà individuale, ed l'occultamento della coscienza come costitutiva di quella libertà, sono, quindi, gli strumenti utilizzati dal potere per riprodursi.

La retorica della libertà ha il fine di dimostrare che la liberazione dell'uomo consiste nel consumo di beni materiali, insomma nella mera materialità dell'esistenza.

Nascondendo agli uomini la coscienza di esseri spirituali, gli si nasconde anche la possibilità che essi hanno di sviluppare una coscienza critica. Se il possesso di beni materiali è libertà, *qualunque* bene materiale soddisfa questa esigenza e un'infinità di beni materiali fa da surrogato al bisogno di infinito. Nella materialità pura si risolve e definisce l'intera esistenza dell'uomo.

In questa ottica, i valori diventano misurabili in termini di beni materiali e la loro misura è il denaro. E quale unica misura, il denaro

---

[32]   Penso alla straordinaria forza che ha animato S. Francesco ed alla rivoluzione che egli ha causato nel mondo cristiano. Il suo Cristo non era metafisico, ma fenomenologico, egli lo viveva nella natura, nelle cose, nella miseria e nella grandezza delle persone. Il Cristo del potere è metafisico, sta al di là del mondo reale, staccato da esso fonte del sogno e dell'incubo, del timore e della salvezza in un mondo altro. Il Cristo di Francesco vive in mezzo agli uomini, continuamente ed eternamente presente, nell'oggi non nel domani. Il Cristo fenomenologico è compresente e comprensivo, il Cristo metafisico è astratto e punitivo poiché giudica. L'uno è qui, l'altro è su. C'è una contraddizione di fondo tra l'infinita bontà ed il giudizio che si risolve solo nella attualità del Cristo, nel suo calarsi nella storia e nella quotidianità, accanto agli uomini, e non sopra di essi.

è onnisciente e ubiquo ed in tal modo esso diventa l'unico valore, cui tutti gli altri fanno necessario riferimento.

Man mano che il *produttore-consumatore* assume sempre più la dimensione del consumatore, il controllo sulla sua coscienza deve diventare sempre più completo, per evitare che egli possa appunto essere messo in grado di effettuare delle scelte che gli possano far prendere coscienza di sé. Perciò è necessario svalutare del tutto la dimensione spirituale dell'uomo, che è quella che gli consente di iscrivere la propria esistenza in un contesto di valori ai quali ispirarsi.

Sembra però abbastanza chiaro che nella retorica della libertà sia insita un'ulteriore contraddizione. La proposizione di modelli di vita che presuppongono la libertà assoluta e la ricchezza assoluta stride in maniera evidente con la realtà quotidiana, che è fatta di asservimento e di sporcizia interiore. Di fronte a questa contraddizione, le reazioni di fuga sono sempre più frequenti e la diffusione di queste reazioni alla conoscenza collettiva genera ulteriore coscienza della contraddizione.

Le immagini di splendide fanciulle e bellissimi uomini, sempre giovani, sempre sani, sempre sorridenti, ricchi e sicuri di sé, costruiscono un modello di vita assolutamente metafisico, poiché nessuno è così, e nessuno può essere così, tanto meno quegli stessi che interpretano quei personaggi nel mondo del mediatico. All'interno della loro vita si trovano le stesse contraddizioni, gli stessi compromessi, le stesse fatiche, miserie e grandezze che ci sono nella vita di ogni essere umano. Eppure, nulla della loro umanità trapela dallo spettacolo che viene inscenato, in quel momento essi non sono umani, ma *dei* di un universo che sta fuori del nostro mondo, appunto un universo metafisico.

La visione di un modello irraggiungibile paralizza la coscienza di sé. Gli *idioti*[33] finiscono per imitarne gli aspetti esteriori, il vestito, l'orecchino, il taglio di capelli, lo sguardo ammiccante. Soprattutto, l'automobile o gli spaghetti, o la bibita, che sono presentati come costitutivi di quelle personalità e di quei modelli. Oggetti della

---

[33]   Il termine *idiòtes* (dal greco *idios* nel senso di particolare, che sta per sé), raffigura l'individuo privato senza cariche pubbliche e che pensa solo ai propri interessi ed affari. Da C. Gambescia, op. cit. pag. 33

produzione, che finisce per produrre la coscienza stessa degli uomini.

Il sistema economico di per sé spinge verso la presa di coscienza di larghe fasce della popolazione. E' difficile e sostanzialmente inutile fare qui considerazioni di carattere sociologico per i fini che ci proponiamo. Un'analisi delle classi sociali, in una società in cui le trasformazioni sociali sono divenute rapidissime non ci aiuta certamente a comprendere la direzione dei fenomeni storici, al contrario di quanto avvenisse nel secolo scorso e, ancora meglio, nell'ottocento.

Insomma, non sono la proletarizzazione della borghesia o l'imborghesimento del proletariato quelli che determinano le spinte per un mutamento radicale del sistema. C'è anche una questione terminologica, tutt'altro che irrilevante, dato che un tempo erano definiti proletari coloro che avevano come unica ricchezza i figli, mentre oggi, se non si gode di un reddito congruo e pure stabile, i figli non si possono neppure fare.

Rispetto ai nostri antenati le nostre condizioni di vita sono decisamente migliorate, anche quelle delle classi più povere. Almeno nel mondo occidentale la fame non è più un problema di massa. Ciononostante è diffusa la sensazione che si viva sempre peggio e che questo sia determinato da un peggioramento della qualità della vita, intesa come indisponibilità di tempo per la cura di sé. L'intervento massiccio del potere, mascherato da dovere sociale, nella vita degli uomini, e la sua presenza ingombrante nell'immaginario, un tempo depositario delle istanze di libertà, rende gli esseri umani sempre più estranei a sé stessi.

La perdita dell'identità è vissuta con paura e a volte con rabbia. Le esplosioni di violenza, che di tanto in tanto riaffiorano nelle periferie suburbane o negli stadi, sono il riflesso di un problema sull'identità e sul ruolo di ciascuno. E l'avidità con cui i giovani soprattutto si sono gettati su internet è la controprova che un qualsiasi "*spazio libero*" è la ricerca e l'aspirazione di tutti. Il respiro incessante e necessario dell'umanità.

E' quindi doveroso ricondurre ad unità l'uomo moderno, spezzato in due tra un lavoro estraneo e una vita sociale alienante e il bisogno di trovare sé stesso.

La via per il superamento della divisione passa attraverso la responsabilizzazione delle scelte e la partecipazione effettiva alla società.

v. La ricchezza e l'accumulazione monetaria

In una società che soffre spesso di scarsità di risorse è naturale legare il concetto di ricchezza all'accumulazione di beni. La ricchezza coincide con l'abbondanza, e la povertà con la scarsità di beni. Oltretutto la scarsità e l'abbondanza si riferivano essenzialmente ai beni di prima necessità, quelli necessari per mantenersi in vita. Insomma, l'esser ricchi coincideva con l'avere una maggiore speranza di vita, mentre la povertà metteva continuamente a repentaglio la sopravvivenza.

Il concetto di accumulazione è tipico della società contadina. Si accumulano infatti, le scorte alimentari che derivano dalla coltivazione dei campi, per garantirsi la semina dell'anno successivo ed assicurarsi il futuro, mentre lo stesso concetto è difficilmente applicabile ad una società dedita alla pastorizia, in cui il numero dei capi deve essere proporzionato al territorio che li ospita[34].

Oltretutto, mentre si può accumulare il grano nei depositi senza necessità di alcuna cura supplementare, non si possono accumulare capi di bestiame senza doversene prendere costantemente cura e senza foraggiarli.

L'accumulazione per il pastore ha un costo sproporzionato rispetto a quella del contadino ed è quindi antieconomica.

---

[34] La differenza è intuitiva. Un gregge non può crescere all'infinito pena il rischio di rovina dell'intero *"capitale"*, per mancanza di alimentazione adeguata. Il gregge deve essere quindi proporzionato all'area sulla quale si trova. Al contrario, si possono costruire *infiniti* silos di grano per assicurarsi contro *infiniti* anni di carestia, continuando ogni anno ad accumulare l'eccedenza del prodotto. Il concetto di risparmio nasce in questo contesto. Il contadino si sacrifica per risparmiare ed accumulare una quantità maggiore di riserve, mentre il pastore trova insensato accumulare oltre le proprie possibilità di gestione. Per il cacciatore raccoglitore vale lo stesso ragionamento fatto per il pastore. Egli, infatti, non può accumulare più di quello che gli occorre per un periodo limitato, poiché i frutti che raccoglie e la selvaggina che caccia altrimenti deperiscono. Il consumo rituale alla fine dell'anno delle società di cacciatori raccoglitori, nasceva dalla necessità di consumare il sovrappiù ed evitare che deperisse inutilmente (cosa che avrebbe irritato gli dei che generosamente avevano favorito il raccoglitore durante la stagione).

Ciononostante, il termine *Capitale* viene proprio dal latino "*capita*", ovvero dal numero dei capi di bestiame che compongono la mandria o il gregge. Il *capitalista* è colui che possiede un numero elevato di capi di bestiame. In questo senso, la mentalità del contadino ha prevalso su quella del pastore, traducendo il concetto di ricchezza da possesso di un numero *sufficiente* al possesso di un numero *crescente* di capi di bestiame.

La tendenza immediatamente egoistica all'accumulazione *ad infinitum*, anche in danno degli altri componenti la comunità, era contrastabile solo con un atto di imperio, ovvero un atto di forza istituzionalizzato. Questo, per essere *giusto*, doveva necessariamente essere regolato da una legge impersonale che tenesse conto dell'interesse generale, considerato superiore a quello individuale.

Questo comportamento era ovvio. La sopravvivenza del maggior numero di individui, anche a scapito dell'opulenza di un membro del gruppo, assicurava una maggiore possibilità di sopravvivenza della comunità stessa. Su questa necessità vitale per la comunità, si fonda la nascita della legge e del diritto[35].

Solo da poche decine di anni, il problema della sopravvivenza dal rischio di carestie è stato risolto nel mondo occidentale, mentre rimane tale in buona parte del terzo mondo per oltre un miliardo di persone e altri due miliardi, circa, vivono in uno stato di estrema indigenza[36].

Però, l'idea di ricchezza come accumulazione crescente di beni necessari per la sopravvivenza è rimasta assolutamente immutata nella testa della gente.

---

[35] Il termine latino per "*diritto*" è *Jus* da cui derivano Giustizia e Giusto, ma Jus è esattamente il contenuto dell'*Imperium*, la prerogativa del Console, comandante della legione. Alla fonte del diritto c'è, insomma un atto di forza (cfr sul punto Heidegger, Parmenide, Rizzoli editore, Mi, 1984). Cfr. in appendice i capitoli sulla Giustizia e sulla Verità nei quali il tema è trattato in maniera più estesa al fine di determinare le mutazioni che questi concetti subiscono in una società fondata su una economia diversa da quella dell'accumulazione.

[36] Considerando che per fare 50 kg di carne sono necessari 800 kg di foraggio, il mondo potrebbe produrre da mangiare per 18 miliardi di esseri umani se facesse meno hamburger e coltivasse più cereali. Però la produzione della carne da più utili che quella dei cereali. Appunto, il capitale monetario è il fine, non la vita umana.

Che questo sia accaduto è naturale, se si pone mente al fatto che per migliaia di anni l'umanità ha fatto i conti con risorse scarse e con ricorrenti carestie che decimavano la popolazione.

In realtà, non è per nulla ovvio, se consideriamo il problema della scarsità delle risorse nella sua giusta dimensione. Il rovesciamento di questo punto di vista è essenziale per comprendere come sia possibile uscire da questo sistema. Il tema della scarsità delle risorse è un argomento fondamentale per suscitare negli uomini il terrore del futuro. E il terrore è lo strumento prediletto del potere. Un uomo terrorizzato è docile e disposto a tutto pur di uscire dallo stato di paura.

Il concetto di accumulazione crescente comprende l'idea che il capitale dia dei frutti. E' così per la terra, ed è così anche per il gregge e per la mandria, anche se il frutto del gregge è meno evidente ed originariamente la sua destinazione era finalizzata al mantenimento della consistenza del gregge e non alla sua crescita infinita.

I frutti del lavoro dei campi sono invece di immediata evidenza, e la necessità del sacrificio per l'accumulazione era anche legata alla necessità di conservare una parte del prodotto per la semina dell'anno successivo. Maggiore era la parte conservata, maggiore poteva essere l'abbondanza del raccolto successivo, sempre che ci fossero altri campi da coltivare. A questo si provvedeva con le guerre di conquista.

Di conseguenza, ogni capitale cresce se dal suo impiego derivano frutti tali da costituire un insieme maggiore del capitale iniziale. Di qui, anche, la contrapposizione tra consumo e accumulazione. Contrapposizione che a noi appare evidente, poiché l'abbiamo interiorizzata in millenni di pratica, mentre se ci pensiamo bene, essa non lo è per nulla.

Infatti, se la contrapposizione ha senso rispetto ai frutti della terra ed al lavoro del contadino, essa non lo ha rispetto all'attività del pastore, che deve consumare il prodotto del gregge o della mandria per mantenerla in vita. Le mucche da latte devono essere munte, così come le pecore devono essere tosate, se le si vuole mantenere in buone condizioni.

Il consumo è quindi un evento necessario per il mantenimento stesso del capitale. In questo senso, per il pastore, il consumo è strettamente connesso al mantenimento del capitale, mentre per il contadino il consumo costituisce una perdita netta di capitale.

Per i filosofi greci e romani, così come per i pensatori cristiani, il concetto di *frutto* era applicabile al solo capitale vivente, ovvero la terra o il bestiame, mentre appariva innaturale se applicato al denaro o alle cose immobili. La ragione della generale condanna degli interessi, comminata anche dalla Bibbia, si trova nella considerazione che solo le cose viventi danno dei frutti e sono quindi produttive, mentre le cose immobili non sono produttive e pretendere un interesse sul denaro, ad esempio, nasconde un'indebita appropriazione del frutto del lavoro altrui o della produttività della terra.

Ciononostante, l'attività dei banchieri prosperò fiorente per tutta l'antichità, e grandi fortune durante la storia di Roma furono accumulate proprio mediante il prestito ad interesse. Cicerone ci ricorda che Bruto, l'uccisore di Cesare, pretendeva dai suoi debitori un interesse del 48% all'anno e non esitava a ricorrere ad ogni mezzo per esigerlo[37].

Peraltro, lo stesso Cesare era costantemente inseguito dagli strozzini che gli prestavano il denaro necessario per le sue imprese confidando nelle sue virtù militari e sui grandi profitti che ne sarebbero derivati[38].

Gli antichi sapevano bene che l'applicazione di interessi sui debiti faceva arricchire ancora di più i ricchi ed impoveriva i poveri e che questo metteva a repentaglio la pace sociale. Per questa ragione era diffusissima nell'antichità la celebrazione degli anni

---

[37]   Lettera ad Attico. Bruto aveva prestato tramite i propri agenti Scapzio e Matinio una grossa somma alla città di Salamina che si era lamentata con Cicerone dell'esosità del tasso di interesse richiesto.

[38]   Cesare non badava a spese né per le sue ambizioni politiche né per i suoi vizi privati. La sua elezione a Pontefice Massimo fu scandalosamente procurata dalle enormi elargizioni al popolo dell'allora ventenne Caio Giulio, e Svetonio ricorda nella sua biografia, che durante i trionfi che Cesare celebrò sui Galli, i soldati delle sue legioni cantavano un distico che recitava testualmente così: *"Attenti Romani, chiudete in casa le vostre donne! Vi riportiamo lo sporcaccione calvo che ha sperperato con tutte le prostitute della Gallia i soldi che ha rubato agli strozzini di Roma"*.

giubilari, nei quali il principale provvedimento era quello della remissione dei debiti, in tutto o in parte[39].

Durante il medioevo era vietato ai cristiani di prestare denaro ad interesse, in conformità con l'insegnamento di S. Agostino e di S. Tommaso, pena la scomunica e le pene dell'inferno. Poiché però, anche nella Roma medioevale c'era necessità di capitali, con successive bolle i Papi[40] imposero agli ebrei, dannati per definizione, di prestare il denaro, confinandoli in una zona ben delimitata della città dalla quale non potevano uscire senza l'autorizzazione delle autorità pontificie. E' questa l'origine del ghetto e della tradizione finanziaria degli ebrei nel mondo cristiano.

Insomma, nonostante le condanne e l'ostruzionismo degli intellettuali e delle autorità religiose, l'idea dei frutti si estese al capitale monetario ed al suo prodotto, appunto gli interessi. Per tutta l'antichità e fino alla Riforma, il prestito in denaro apparve come un male necessario in momenti particolari oppure per l'effettuazione di singoli affari. Dobbiamo ricordare che la Chiesa accomunava nella condanna sia gli usurai, ovvero tutti coloro che prestavano denaro ad un qualunque tasso di interesse, che i commercianti, poiché entrambi speculavano senza produrre alcunché.

---

[39]   Poco prima di essere ucciso, Giulio Cesare emise diverse leggi contro l'usura e per alleviare le condizioni dei debitori. Tra queste ricordo la *lex De fenore*, la *Lex Julia de pecuniis mutuis*, *Lex Iulia de modo credendi possidendique intra Italiam*, la *Lex de mercedibus habitationum annuis* e la *de creditis pecuniis sine usuris sexenni die solvendis*. Secondo Svetonio, queste leggi comportarono una riduzione di almeno il 20% dei crediti, ma dati i tassi di interesse che correvano a Roma in quei tempi, credo che la riduzione fu ben maggiore (cfr sul punto D. de Simone, *Il debito non si paga!*, Editori Riuniti, Roma, 2011)

[40]   L'usura fu proibita al clero sin dal Concilio di Nicea del 325 e ai fedeli nel secolo successivo da Papa Leone I. Nel secolo XII vari Concili precisarono e reiterarono la condanna, stabilendo per gli usurai la scomunica e il divieto di sepoltura in terra consacrata, nonché per le canoniche la proibizione di ricevere le offerte degli usurai, escludendoli di fatto dalla comunità. "*Il prestito ad interesse divenne un'attività molto proficua, dal momento che la condanna dell'usura da parte della Chiesa non li riguardava. Il Concilio Lateranense IV del 1215 che, fra l'altro, li costrinse a vivere nei ghetti, quasi li condannava a esercitare il prestito a interesse, proibito ai cristiani. In quanto deicidi, essi erano destinati al fuoco eterno, sicché il peccato di usura non poteva aggravare la loro condizione di anime perdute. In effetti anche la legge mosaica vietava il prestito a interesse, ma solo ai propri fratelli, vale a dire ai correligionari. [...] In tal modo, la posizione della Chiesa e quella ebraica quasi si completavano, in quanto la prima lasciava l'ingrato compito di esercitare l'usura (di cui pure si sentiva l'esigenza) agli Ebrei, i quali, da parte loro, accettavano di buon grado di dedicarsi a un'attività così proficua, che peraltro non contrastava con i propri precetti religiosi.*" E. De Simone, *Monete e Banche attraverso i secoli*, F. Angeli Editore – DASES – Mi, 2002, pag. 27

Il protestantesimo tolse la condanna morale della Chiesa ai frutti del capitale monetario, e conferì ai finanzieri ed ai commercianti pari dignità con i produttori. Il fatto era che la nascente industria aveva necessità di ingenti capitali non solo per gli affari occasionali con le Americhe o l'India, ma soprattutto per costruire le prime fabbriche. L'oro spagnolo, in parte sottratto ai galeoni dai corsari di Drake, in parte dissipato da Filippo II con le sue guerre di conquista, in parte portato in Inghilterra dalle persecuzioni nei confronti degli ebrei, allora già frequenti in tutta Europa, costituì il nucleo sul quale fu fondata la Banca d'Inghilterra e la moltiplicazione del denaro.

Già alla fine del settecento, dell'originaria condanna di filosofi e padri della Chiesa non c'era più traccia, e tutta l'economia aveva cominciato a dipendere dal denaro e dai suoi interessi.

Le ragioni morali ed economiche per immaginare un mondo diverso da quello fondato sul denaro rimanevano tutte, anche se i correttivi adottati nell'antichità avevano mostrato limiti grossolani. Ma l'orgia di guadagno facile che l'industria capitalistica garantiva, mise ogni remora morale nel dimenticatoio.

Nasce il capitalismo, ovvero l'economia fondata sul capitale monetario e sulla sua valorizzazione all'infinito.

Il capitalismo non è un'istituzione eterna. Così com'è nato è presumibile che scompaia dalla storia, nel momento in cui verranno meno le ragioni che l'hanno fatto prosperare. La sua logica è semplice e ferrea. La ricchezza è l'accumulazione del capitale monetario e niente altro.

Qualsiasi attività in tanto è produttiva se dall'investimento monetario (tradotto in strumenti, lavoro, materie prime) derivano merci di un ammontare superiore all'investimento dopo la trasformazione delle merci in moneta.

Questa logica a noi appare assolutamente naturale, di un'evidenza direi lapalissiana. Provate a chiedere a chiunque e vi dirà che questo e solo questo è l'essenza del diventare ricchi. Però, come abbiamo visto non c'è nulla di naturale in questo meccanismo, anzi esso è proprio contro natura, come mise in chiara evidenza per primo Aristotele.

Oltre a non essere naturale, l'accumulazione del capitale monetario non è nemmeno logica, poiché essa non crea sempre ricchezza. Nella maggior parte dei casi, al contrario, l'accumulazione monetaria crea impoverimento e distruzione. Basti pensare alla produzione di armi che certamente incrementano il capitale monetario, ma allo stesso tempo creano distruzione e morte là dove viene *speso* il loro prodotto. Keynes descrive benissimo questa assurdità ricordando quanto sia sciocco considerare ricchezza sprecare il tempo a fare buche per terra cercando l'oro invece di impiegare lo stesso tempo e le stesse energie per costruire case o strade[41].

Ma anche nella produzione industriale di beni di consumo, la logica dell'accumulazione crea impoverimento, poiché favorisce le produzioni di minore qualità e di maggiore redditività dal punto di vista dell'accumulazione monetaria, a discapito del benessere effettivo della gente. E' vero che la concorrenza sui costi che si genera tra le imprese per conquistare quote crescenti di mercato, favorisce la diffusione del consumo poiché abbassa i prezzi, ma gli effetti principali sono assolutamente deleteri a medio e lungo termine, poiché le conseguenze sono l'omologazione verso il basso dei prodotti ed un generale impoverimento della ricchezza culturale.

Le conseguenze del considerare ricchezza solo quello che deriva dall'accumulazione monetaria, sono assolutamente contraddittorie sul piano della logica economica. La stessa attività, infatti, è produttiva se inscritta nell'ambito della accumulazione monetaria e non lo è se è fuori da questo meccanismo.

Un esempio esilarante è quello di una persona che fa pulizie per conto di un'impresa privata, che viene conteggiata nel PIL di una paese per l'intero stipendio, oltre che per l'utile che la sua attività produce. Se la stessa persona fa le pulizie per conto di un ente pubblico, la sua attività entra nel PIL al solo costo, poiché non

---

41   *"E' curioso come il buon senso, cercando di sfuggire a conclusioni assurde, sia incline ad esprimere una preferenza per forme interamente "improduttive" di erogazione di fondi presi a prestito invece che per forme parzialmente improduttive, le quali, non essendo interamente improduttive, sono spesso giudicate secondo principi strettamente "commerciali". Per esempio si accetta più facilmente un sussidio di disoccupazione finanziato mediante prestiti che il finanziamento di miglioramenti ad un costo inferiore al saggio corrente di interesse; mentre la più accettabile fra tutte le soluzioni è quella forma di scavar buche nel terreno nota come estrazione dell'oro, la quale non soltanto non aggiunge nulla affatto alla ricchezza reale del mondo, ma implica la disutilità del lavoro"* J. M. Keynes *Teoria generale,* op. cit. pag. 289.

genera utili. Se infine, la stessa persona si mette a fare pulizie a casa sua o di amici, allora quella attività non viene conteggiata affatto nel PIL, nonostante essa sia altrettanto importante per la sopravvivenza della società.

Immaginate che cosa può succedere in un paese se tutti quelli che puliscono le case, a qualsiasi titolo lo facciano, si rifiutino di continuare le proprie prestazioni senza una remunerazione. Dopo meno di un mese, tutto il paese sarebbe fermo per essere sprofondato nella sporcizia.

L'assurdità della logica dell'accumulazione monetaria ai fini del computo della ricchezza è evidente se poniamo mente alle attività immateriali. L'informazione è certamente una ricchezza, ma essa viene diffusa solo in funzione della logica capitalista. Non importa la *natura* dell'informazione, ma solo se essa produca soldi, e questo comporta spesso un risultato che è l'opposto della produzione di cultura. Con la stessa finalità, la produzione di spettacoli e di programmi di attualità finisce per diffondere informazione di pessima qualità.

Lo stesso metodo applicato alle Università e alle scuole produce ignoranza, e degrado culturale e morale. La ragione per cui l'arte, l'architettura, la letteratura e la musica hanno prodotto ben poco rispetto alle epoche precedenti, malgrado non siano certo mancati grandi talenti e le possibilità di espressione si siano moltiplicate, discende dall'applicazione anche all'arte della logica del capitale monetario. E' arte solo quello che è vendibile e che produce accumulazione.

In generale, il capitale monetario non ha alcun interesse all'arte quale espressione della creatività, ma solo in quanto possibile generatrice di profitti monetari. La ricerca, che nell'arte è spesso penosa e difficile viene così sempre penalizzata in favore di quelle forme espressive che sono di facile comprensione (e quindi spesso già vecchie), ma che però proprio in quanto tali si riescono a vendere meglio. Al capitalismo non interessa affatto l'arte, ma solo il profitto.

Nel medioevo, uomini che avevano a mala pena di che sostentarsi e che pativano pene di ogni genere, per carestie, pestilenze e guerre, immaginarono e costruirono edifici fantastici come le grandi cattedrali gotiche che invasero l'Europa a partire dall'anno mille o quelle romaniche, o i castelli e le abbazie che costellano città e campagne. .

Opere straordinarie, se pensiamo ai mezzi limitati di cui quegli uomini disponevano. Se poi vediamo la straordinaria rete stradale romana o gli acquedotti, o le piramidi egizie e i templi greci; ci rendiamo conto che la bellezza, l'arte, il valore delle cose non sono mai state correlate all'accumulazione del capitale monetario, anche se è stato utilizzato il denaro per costruirle.

Solo con l'industrializzazione il denaro è divenuto la rappresentazione della ricchezza e la sua unica misura. Solo ciò che produce denaro è considerato ricchezza, e le attività produttive sono solo quelle che consentono al capitale monetario di crescere e di prosperare.

La stessa vita umana, in questo modo, è subordinata al capitale monetario. **Non si mette a repentaglio il capitale monetario per salvare una vita umana, poiché il *valore* è il capitale e non la vita. Da strumento per fare le cose, il denaro è diventato il fine dell'esistenza**.

La logica dell'accumulazione monetaria è disumana e avvilente. Essa rende l'uomo estraneo a sé stesso, poiché domina la sua vita al di fuori del suo essere e della sua umanità. In questo senso il capitale è metafisico, ma al contrario del Dio degli antichi che riassumeva in sé tutte le qualità (e anche le perversioni) degli esseri umani, esso è un dio disumano, indifferente alle sorti dell'umanità e interessato solo alla propria sopravvivenza. Ed è un dio crudele e famelico, che esige sacrifici in misura crescente dai suoi fedeli.

vi.   Che cos'è la ricchezza

Ma allora che cos'è la ricchezza? Come possiamo definire l'origine di quello che tutti noi sappiamo certamente riconoscere quando c'è?

Il denaro non è che il modo moderno in cui la ricchezza si manifesta e viene utilizzata. Il possesso di denaro è essenziale per definire oggi una persona ricca. Il suo patrimonio si calcola, appunto in denaro e lo stesso ragionamento si applica alle società private e alle nazioni. Tutto viene calcolato in denaro. Però, non dobbiamo farci ingannare dallo strumento di misura, per quanto esso sia universalmente accettato. E' come pensare che la terra sia il metro, o l'acqua il litro.

Ricchezza non è nemmeno il possesso dei mezzi o delle materie prime che sono pur necessarie per la produzione. Ci sono paesi nel mondo che sono ricchissimi di materie prime, ma la loro popolazione è però poverissima.

Certo, le materie prime sono essenziali per tutte le produzioni materiali. Ma è ancora più necessaria la capacità di utilizzarle al meglio e di organizzare la produzione in maniera tale da generare la massima diffusione della ricchezza.

E' difficile che il singolo individuo possa pensare alla distribuzione della ricchezza che egli produce come ad un atto che gli genera benefici, ma in realtà è proprio così, se ci liberiamo della mentalità contadina che vede nell'accumulazione l'essenza della ricchezza. Dobbiamo riscoprire la mentalità del *pastore-raccoglitore* o, meglio, quella dell'economia del dono, liberandola dalle pastoie del misticismo collettivo che l'aveva relegata nell'ambito delle attività rituali.

Il consumo per il pastore è un atto necessario quanto la produzione. Senza il consumo, la produzione non sarebbe possibile. Lo stesso vale per l'economia del dono. Per quegli uomini, senza il consumo di *tutte* le scorte accumulate nel corso dell'anno, la natura non avrebbe donato altrettanta abbondanza nel corso dell'anno successivo.

Essi rispettavano la Natura e i suoi doni comportandosi così. Che lo facessero perché credevano che altrimenti sarebbero stati puniti dagli dei, o perché il loro legame con la natura era vissuto come strettamente intrecciato con la loro stessa esistenza, insomma, qualunque fosse l'origine di questa coscienza ecologica, non ha importanza. Sta di fatto che essi l'avevano mentre il nostro mondo non ce l'ha, accecato com'è dal profitto del dio denaro che travolge (non trasforma) tutto a partire dall'essenza stessa degli uomini.

Per quale ragione l'energia atomica è stata scoperta e utilizzata solo nella sua versione *"sporca"*, come energia da fissione che produce inquinamento da radioattività o come energia da fusione calda, che necessita di grandi investimenti e di centralizzazione progettuale e produttiva? Perché l'intelligenza scientifica che ha teorizzato e reso concreta l'energia atomica era completamente immersa nella logica del potere e del dominio. Non a caso la prima applicazione dell'energia atomica è stata la bomba, arma di distruzione totale.

Solo recentemente, nell'ambito di un pensiero altro, è stata scoperta la fusione fredda, semplice, pulita, decentralizzata ed economica[42]. Il boicottaggio di queste ricerche, che è giunto fino alla falsificazione dei dati ed alle calunnie nei confronti di Fleishmann e Pons, si giustifica solo pensando al fatto che la fusione fredda non produce accumulazione monetaria, ma benessere per tutti.

Nell'economia moderna la scarsità è divenuta relativa alla domanda e non alla produzione. L'assurdità di restare legati ad un'idea contadina dell'economia consiste nel fatto che le crisi ricorrenti nel nostro sistema economico sono crisi di sovrapproduzione, ed esse dipendono solo dal fatto che la domanda non è sufficientemente sostenuta dai redditi che il sistema genera.

Questa considerazione rafforza l'idea che la ricchezza non si trovi nelle cose, ma nella capacità di scoprirle ed usarle. Per millenni l'umanità ha tranquillamente ignorato i giacimenti di petrolio sui quali generazioni di cammellieri hanno viaggiato. L'*acqua che brucia*, come la chiamò Marco Polo, è stata a lungo più una bizzarra curiosità che una possibilità.

Gli studi di Leonardo erano eccessivamente avanzati per il suo tempo, ed egli era conosciuto per le sue doti artistiche e per le sue stranezze, più che per le sua capacità scientifiche. Un'intera società dovette cambiare mentalità affinché si sviluppasse quella nuova visione che consentì lo sviluppo industriale.

Non mi stancherò mai di ricordare che, nonostante tutti i guai e le incongruenze della nostra società, noi viviamo molto meglio dei nostri antenati, di quelli di cinquant'anni fa ed a maggior ragione di quelli di cento o duecento anni fa. Chi vagheggia il ritorno alla "*bella*" vita dei secoli passati, dimentica spesso che quella vita era

---

[42]   Che la fusione fredda sia una realtà scientifica è ormai accertato, così com'è evidente che è necessario ancora lavorarci sopra a lungo prima di avere una fonte di energia utilizzabile universalmente.

costellata di incertezze, di malattie, fame, guerre e disperazione molto più che nel nostro tempo.

Indipendentemente dal fatto che si abbia o meno una visione teleologica dell'universo, che insomma si sia convinti che questo ha un fine, non credo che sia possibile tornare indietro senza rischiare di ritrovarsi nelle stesse condizioni, o in situazioni molto simili a quelle che hanno generato gli errori o gli orrori del passato. Voglio dire, ad esempio, che una società il cui modo di produzione sia essenzialmente contadino, sarà probabilmente una società fortemente gerarchizzata, poiché la produzione agricola ha necessità di produttori ma non di consumatori e, inevitabilmente, il prodotto tende ad essere scarso rispetto alle esigenze della popolazione.

Noi abbiamo oggi la possibilità di risolvere una volta per tutte il problema dell'usura, e le proposte contenute in questo libro vanno proprio in questa direzione, ma non dobbiamo pensare che i nostri antenati non abbiano tentato di risolvere il problema in qualche modo. Il fatto è che una società fondata su un modo di produzione agricolo, a mio avviso, non è in grado di risolvere un problema di questo genere nemmeno con le norme più severe e penalizzanti per chi la pratica, e nemmeno con le periodiche remissioni di debito (che avevano prevalentemente l'effetto di alzare i tassi medi di interesse).

Come scrisse Keynes oltre settant'anni fa, dobbiamo fare finta ancora per almeno un secolo che l'usura sia una virtù [43]. Quel secolo è quasi passato, e *oggi*, noi abbiamo la possibilità di realizzare un mondo in cui l'usura sia considerata tale e sia eliminata per sempre dalla faccia della terra. Oggi, e non ieri, perché solo oggi sussistono le condizioni affinché la profezia di Keynes si possa

---

[43]   *"Vedo quindi gli uomini liberi tornare ad alcuni dei principi più solidi e autentici della religione e della virtù tradizionali: che l'avarizia è un vizio, l'esazione dell'usura, una colpa, l'amore per il denaro spregevole, e che chi meno si affanna per il domani cammina veramente sul sentiero della virtù e della profonda saggezza. Rivaluteremo i fini sui mezzi e preferiremo il bene all'utile. Renderemo onore a chi saprà insegnarci a cogliere l'ora e il giorno con virtù, alla gente meravigliosa capace di trarre un piacere diretto dalle cose, i gigli del campo che non seminano e non filano. Ma attenzione! Il momento non è ancora giunto. Per almeno altri cento anni dovremo fingere con noi stessi e con tutti gli altri che il giusto è sbagliato e che lo sbagliato è giusto, perché quel che è sbagliato è utile e quel che è giusto no. Avarizia, usura, prudenza devono essere il nostro dio ancora per un poco, perché solo questi principi possono trarci dal cunicolo del bisogno economico alla luce del giorno."* J. M. Keynes, *Esortazioni e profezie*, Il Saggiatore, MI, 1968, pag. 282. La prima stesura del testo risale al 1930.

verificare. Oggi e non domani, perché la nostra umanità ha urgente bisogno di esprimersi subito.

Non possiamo, certo, dire di non avere la capacità di *"consumare"* quello che produciamo, se ci sono ancora molti esseri umani che muoiono di fame nel mondo o che sono privi del necessario per vivere. Come ho già rilevato in precedenza, la produzione immateriale rende ancora più assurda la logica della accumulazione e del risparmio.

Infatti, l'immateriale non si può accumulare. Rispetto ad esso, l'idea stessa di accumulazione è insensata ma altrettanto insensata è la categoria del consumo. A differenza delle cose materiali, infatti, l'immateriale non si consuma.

Un melone può essere consumato da una persona sola, oppure essere ripartito tra più persone. Se queste lo dividono tra loro, ciascuna rinuncerà ad una parte in favore degli altri. Perché tutti possano goderne, la ricchezza materiale deve essere divisa, e se essa è poca, ciascuno dovrà rinunciare ad una parte per fare posto agli altri.

Un film, invece, può essere visto da una, da cento, da mille, da un milione di persone, senza che nessuna di esse debba rinunciare a qualcosa affinché gli altri possano vederlo. Lo stesso vale per l'informazione, per il software, per la cultura in genere, per internet. La ricchezza, se per ricchezza intendiamo l'informazione, è per tutti, essa può essere moltiplicata all'infinito per chiunque possa o voglia accedervi.

Per internet, in particolare, il fatto che un numero crescente di persone condivida le stesse informazioni, non solo non impoverisce ma, al contrario, arricchisce tutti gli utenti. L'open source, come ho scritto nel mio libro *"Dove andrà a finire l'economia dei ricchi"*, si fonda proprio sul sapere condiviso, nel quale la partecipazione ad una frazione del progetto ti rende fruitore dell'intero lavoro. Il che significa la moltiplicazione del proprio lavoro in relazione diretta con il numero dei partecipanti al progetto stesso[44].

---

[44]   Il progetto GNU linux combatte la proprietà dei codici sorgente del software e si fonda sull'idea che la condivisione del sapere sia molto più fruttifera della divisione. A questo fine, Linus Torvald, l'ideatore della GNU Licence, ha ideato un meccanismo semplice ed efficace. Il codice sorgente della GNU è protetto da una licenza *"aperta"*, che cioè, può essere utilizzata da tutti i programmatori purché il loro prodotto sia allo stesso

Non possiamo, quindi, più considerare la ricchezza frutto di una divisione di beni scarsi che derivano da risorse e mezzi anch'essi scarsi.

La ricchezza è il frutto diretto della nostra capacità (intendo della collettività cui apparteniamo) di organizzare le risorse materiali e di produrre attività immateriali.

A differenza degli animali, che sono o raccoglitori o cacciatori (tranne le api che sono produttrici ma di un solo prodotto), gli uomini sono essenzialmente produttori, e anche di un'infinità di prodotti.

Questo è reso possibile dall'intelligenza e dalla sua applicazione ai processi di produzione. Possiamo quindi affermare che tutte le produzioni sono essenzialmente immateriali, poiché l'elemento che le unifica e le rende possibili è l'intelligenza applicata al processo produttivo.

Solo questo ha reso possibile il grande salto dall'economia contadina che ha dominato la storia dell'umanità per millenni, all'economia essenzialmente immateriale come quella dei nostri giorni. Economia che però produce eccedenza di prodotti alimentari, mentre le economie prevalentemente rurali combattono ancora con la scarsità della produzione.

La ricchezza è dunque nella nostra capacità di pensare il mondo ed organizzarlo in funzione delle nostre esigenze[45].

---

modo utilizzabile da tutti. In altri termini, un programmatore non può utilizzare i codici GNU per costruire un software proprietario coperto da copyright. Il vantaggio per i programmatori è che in questo modo essi condividono il lavoro e le conoscenze degli altri e non devono, ogni volta, ricostruire l'architettura del software alla base del loro programma, e inoltre possono lo stesso essere remunerati per il loro lavoro di programmazione sia per donazioni da utenti soddisfatti, sia per il lavoro di assistenza e di installazione che la maggior parte dei programmi comunque richiede, sia per il prestigio che ad essi deriva dall'aver ideato un programma particolarmente interessante. Insomma, la GNU riporta il software nell'ambito della scienza inducendo i programmatori alla collaborazione tra loro. In questo modo, l'ambiente GNU è certamente più produttivo di quello proprietario, nel quale i codici sorgente sono protetti da copyright. I programmatori di codici proprietari, infatti, non collaborano tra loro e nemmeno con i programmatori GNU, mentre questi collaborano. E' evidente che alla fine questo genererà programmi migliori ed in maggior numero ad un tasso di crescita che è insostenibile nell'ambito del codice proprietario.

[45]   Sulla ricchezza come organizzazione di informazioni e in ultima analisi, come informazione essa stessa, cfr. infra, cap. IV par. 5 *il capitale sociale*

Capacità che è individuale e collettiva allo stesso tempo, ed è variamente distribuita tra civiltà, nazioni, regioni e paesi.

La capacità di un ingegnere che progetta una strada è inutile senza la laboriosità degli operai, l'organizzazione degli impiegati, la fatica dei minatori che estraggono il ferro e di quelli che lo lavorano, le aziende che fanno il cemento e quelle che fanno la vernice per le righe sulla strada. Sarebbe anche inutile senza le automobili e i camion che percorreranno quella strada quando sarà costruita.

Senza l'enorme serie di conoscenze che rendono possibile la costruzione di quella strada, la capacità progettuale dell'ingegnere non potrebbe nemmeno esistere. Egli è in grado di progettare, perché un'intera società mette a sua disposizione le proprie scoperte e la propria laboriosità[46].

Ciascuno ha sviluppato la propria vocazione in dipendenza della ricchezza e della diversità del luogo, della storia, del clima, dell'orografia del luogo di origine.

Nella capacità di pensare il mondo è compresa soprattutto la poesia, che è in sé un fare come dice il termine stesso[47].

---

[46] Questa considerazione risale ad Adam Smith nel suo "Della *ricchezza delle Nazioni*", ed è stata per centinaia di anni usata come manifesto dell'ideologia del libero mercato. Asserzione del tutto apodittica, considerato che Smith stesso denunciò nello stesso libro ed altrove le storture che derivavano alla vita sociale dall'assenza di regole. Di contro, l'opposta ideologia del centralismo dirigista, ha portato i paesi che l'hanno adottata in situazioni drammatiche per l'emergere di una nuova classe di burocrati (dalla quale, peraltro, nemmeno i paesi di libero mercato sono esenti, anzi). Questo libro tenta una terza via, quella della proprietà sociale del capitale e della libera iniziativa imprenditoriale in un contesto in cui ricchezza sia tutto ciò che arricchisce la conoscenza. Sembrerà strano che una considerazione così fondante sia messa in una nota sperduta in un testo, ma l'intenzione di questo libro non è quella di costruire un'alternativa politica, ma quella di indicare la via di un'alternativa economica al capitalismo finanziario e la maniera migliore per abbatterlo. Non ho alcuna intenzione di dare origine ad una nuova ideologia: se è stato possibile scrivere questo libro lo si deve anche al fatto che tutte le ideologie sono morte.

[47] In greco antico *poiesìs* significa fare, nel senso di creare qualcosa che prima non c'era. "*Il fenomeno dell'artista è ancora quello più trasparente, che si può scrutare più facilmente* [VIII, I, 116]... *nell'artista l'essere riluce per noi nel modo più diretto e più chiaro. Perché? Nietzsche non lo dice esplicitamente; ma la ragione è facilmente trovata. Essere artista è un saper produrre. Ma produrre significa: porre in essere qualcosa che ancora non è. Nella produzione noi partecipiamo per così dire al divenire dell'ente e vi possiamo scorgere la sua essenza in forma non offuscata*". M. Heidegger, *Nietzsche*, Adelphi, Mi, 1994, pag 78.

Il potere dell'uomo si manifesta nel poeta, scrisse Goethe nel *Faust*. La poesia è sempre rivoluzionaria, poiché rende scoperto il senso nascosto della visione del mondo.

E' questa la ragione per cui i poeti sono sempre stati tenuti in grande considerazione nella storia dell'umanità.

Oggi, invece, la poesia è mortificata come ogni altra arte, poiché il capitale monetario non trae dalla poesia benefici immediati. L'assurdità consiste nel fatto che senza la poesia non c'è produzione, in quanto l'una è la fonte dell'altra. E non solo produzione in senso spirituale, come pensiero, intuizione, idee, ma produzione anche in senso materiale, in quanto cose prodotte.

Infatti, senza il pensare le cose non può esistere alcuna produzione, ogni forma degli oggetti che sono prodotti è dapprima pensata e in quanto tale può poi essere trasformata in materia.

Uccidendo la poesia si uccide la stessa capacità produttiva dell'uomo. E' un comportamento stupido, come uccidere la gallina dalle uova d'oro per il profitto immediato delle uova che sono nel suo ventre. Considerare la poesia dal punto di vista della remunerazione è altrettanto insensato. In questa società la remunerazione è una funzione dell'accumulazione del capitale, e comunque da essa deve discendere un ritorno dell'investimento, anche senza profitto, altrimenti il capitale privato si esaurisce in breve tempo.

Perciò dobbiamo intendere la remunerazione della poesia, come una funzione dell'accumulazione del capitale sociale, così come esso sarà descritto nei prossimi capitoli. Insomma, una funzione necessaria per la sopravvivenza della società stessa, ma che non può e non deve essere regolata in modo dirigistico. Non è possibile, cioè, che ci sia qualcuno che abbia il potere di stabilire se un poeta (o un pensatore o un creativo in genere) debba o meno essere remunerato dalla collettività, pena la distruzione della sua creatività.

La questione della remunerazione della creatività è una delle ragioni che è necessario porre a fondamento della istituzione del Reddito di Cittadinanza Universale che, come vedremo, è uno strumento per la remunerazione e l'incremento del capitale sociale inteso come *intelligenza collettiva*.

Sul piano pratico, poi, la qualità della produzione dipende dalla coscienza critica dei consumatori e dalla loro capacità di indirizzare la produzione verso livelli di maggiore rilevanza. Però dobbiamo consentire ai poeti di rifare continuamente il mondo *in piena libertà*, prospettando le loro visioni, poiché è attraverso esse che è possibile ogni produzione.

In una società in grado di erogare RdC ai suoi membri, il poeta trova la sua collocazione perfetta, poiché egli potrà ripensare il mondo mille volte e contribuire così a suo modo allo sviluppo sociale. E' ridicolo pensare che l'attività del poeta, così come ogni altra attività creativa, debba essere finalizzata alla remunerazione monetaria. Nel momento in cui lo fosse, essa cesserebbe di essere creativa. La prima caratteristica della creatività è, infatti, la sua innovazione rispetto alla situazione preesistente e questo comporta, *necessaria-mente*, un notevole lasso di tempo prima che l'innovazione sia accettata comunemente, anche se i suoi vantaggi e benefici sono di immediata evidenza.

E' stupefacente come certe idee abbiano incontrato resistenze enormi da parte dei loro contemporanei, soprattutto se su quelle idee si fondavano abitudini e potere. Oltretutto la ricerca non è fatta solo di idee vincenti, ma soprattutto di tentativi ed errori tra i quali le idee migliori si aprono faticosamente la propria strada. E per ogni idea vincente ci sono mille tentativi andati a male, ma senza quelli, le idee migliori non potrebbero nemmeno nascere.

Il pensiero e la creatività sono, quindi, il motore della ricchezza. Ed è assurdo che la società mortifichi la creatività quasi impedendole di esprimersi, cagionando con ciò, un grave danno a sé stessa. Questo comporta che ogni espressione di creatività debba essere considerata ricchezza e quindi promossa dalla società. Questa considerazione si traduce in concreto negli investimenti necessari per ideare e realizzare innovativa.

Tutti i membri della società sono esseri umani e in quanto tali hanno il diritto di essere mantenuti in vita.

Che poi qualcuno indirizzi le proprie energie creative verso attività di maggiore o minore oppure nessuna remunerazione immediata come appunto la poesia, è questione di scelte personali insindacabili a livello collettivo. Diverso è il caso di creatività che si esprime tramite strumenti che possono avere necessità di investimenti. Ad esempio, le ricerche sulle energie alternative o sulla fusione fredda, hanno necessità di finanziamenti continui anche se in misura molto più ridotta delle ricerche sulla fusione cosiddetta calda.

Quello che sta accadendo nel mondo della ricerca scientifica è davvero esemplare. La ricerca è indirizzata verso quei campi che producono ritorni in termini di accumulazione monetaria e di potere finanziario, e che non modificano l'attuale assetto del potere di controllo dell'energia.

La fusione calda, anche se si realizzasse, non inciderebbe mai sul potere dei petrolieri, mentre la fusione fredda sarebbe applicabile in qualunque ambito, comprese le automobili e la gestione di una piccola unità abitativa, il che comporterebbe l'abbandono del petrolio con un radicale sconvolgimento degli assetti di potere nel mondo. Oltretutto, mentre la fusione calda avrebbe sempre necessità di un potere centrale che la gestisse e distribuisse, la fusione fredda, una volta realizzata, sfuggirebbe ad ogni controllo, e i generatori sarebbero costruibili da chiunque avesse le conoscenze necessarie, poiché i materiali necessari per costruirla sono comunemente diffusi e di nessuna pericolosità.

Lo scontro è tra il potere che vuole controllarla e la creatività che vuole essere libera di esprimersi. E' un colossale braccio di ferro che attraversa in questo periodo della storia dell'uomo tutti i campi delle attività umane, dall'arte alla scienza, dalla produzione al tempo libero, dal lavoro al pensiero astratto.

Da una parte il sistema di potere dominante, strutturato gerarchicamente, sempre più potente ma allo stesso tempo sempre più povero di contenuti. Dall'altra parte, c'è una creatività sempre più diffusa, orizzontale, disorganizzata ma allo stesso tempo onnipresente, poiché estesa ormai ad un numero di persone mai visto prima nella storia dell'umanità, che sforna continuamente nuove idee e nuovi progetti per liberarsi del giogo di quel potere.

E' una battaglia epocale quella che sta avvenendo sotto i nostri occhi tra il mondo del potere e quello della libertà.

vii. Il lavoro e l'automazione

Uno dei grandi problemi del nostro tempo è la progressiva scomparsa del lavoro stabile e sicuro.

Nella logica dell'accumulazione, l'automazione dei processi di produzione è allo stesso tempo una necessità ed una grande iattura. Una necessità, perché attraverso l'automazione, l'impresa riduce i costi e aumenta i margini di profitto. Una iattura, perché l'aumento di produzione indotto dall'automazione ha portato la maggior parte delle imprese di produzione materiale in una situazione di sovrapproduzione, e allo stesso tempo, l'espulsione di manodopera dal processo produttivo, ha ridotto la domanda globale di beni di consumo, accentuando le conseguenze della sovrapproduzione. Dal punto di vista sociale, l'automazione è invece, soltanto una disgrazia, poiché distrugge posti di lavoro.

L'automazione dei processi produttivi è un grande avanzamento sulla strada della liberazione degli uomini dalla schiavitù del lavoro, e logica vorrebbe che essa fosse spinta al massimo, allo scopo di migliorare la qualità e la quantità della produzione e di liberare gli uomini dai lavori ripetitivi e faticosi.

E allora che cosa c'è che non funziona nel sistema se entrambi i suoi elementi fondanti (capitale e lavoro) vedono in misura diversa nell'automazione una disgrazia?

Facciamo un esempio. Per costruire un tratto di ferrovia, si utilizzavano un tempo un certo numero di operai. Alcuni addetti allo sbancamento della strada per mezzo di vanghe e picconi, altri per costruire la massicciata, altri ancora per posare le traversine in legno, altri per posare i binari ed altri, infine, per mettere i bulloni di connessione tra le traversine ed i binari.

In tutto, centinaia di uomini che erano in grado di costruire in media qualche chilometro di ferrovia al giorno.

Questo lavoro comportava anche l'erogazione di salari agli operai, i tecnici e gli ingegneri, salari che garantivano loro la sussistenza, ivi compreso anche il costo dei viaggi sulla ferrovia che essi stessi avevano costruito. In ogni caso, la loro spesa per la sussistenza avrebbe comunque portato benefici alla società ferroviaria, poiché avrebbe incrementato il reddito dei fornitori dei beni per la sussistenza e avrebbe consentito loro di spendere denaro per i viaggi.

Se moltiplichiamo quest'evento per le migliaia di imprese e di attività in un determinato momento storico (non ha alcuna importanza che esse siano connesse con la costruzione della ferrovia), abbiamo un quadro del funzionamento dell'economia nel capitalismo.

La spinta è data dall'accumulazione del capitale monetario che induce gli imprenditori ad organizzare l'impresa allo scopo di ottenere alla fine del ciclo economico una somma maggiore di quella impiegata all'inizio.

La stessa spinta all'accumulazione induce gli imprenditori a sostituire gli uomini con le macchine che, pur richiedendo un investimento iniziale maggiore, hanno un costo di esercizio minore ed un'efficienza superiore. Notiamo qui, per inciso, che il paragonare gli uomini addetti ad una lavorazione ad una macchina sul piano dell'efficienza produttiva, mortifica l'essenza umana di quelle persone e li riduce a meri strumenti del capitale.

Come sappiamo, nell'economia della accumulazione conta il capitale e non gli uomini, e il fine è la crescita del capitale monetario e non l'umanizzazione della società. Ma torniamo al nostro esempio. Da alcuni decenni, quegli uomini addetti alla costruzione della strada ferrata sono stati sostituiti da una sola macchina che fa tutto da sé con il controllo di pochi tecnici. Spiana la strada, costruisce la massicciata, posa le traversine e i binari, mette i bulloni ed assembla il tutto.

Questo lavoro viene eseguito ad una velocità multipla rispetto all'impiego di mano d'opera e con un'efficienza decisamente maggiore quanto a precisione e affidabilità.

Per il capitale impiegato è certamente una fortuna, poiché il suo ciclo di riproduzione diventa in questo modo decisamente più veloce ed ottiene un tasso di impiego sicuramente più elevato.

Allo stesso tempo, però, il fatto che le centinaia di uomini prima addetti al lavoro della macchina, siano adesso disoccupati, è per il capitale una iattura, poiché essi non potranno più spendere il denaro che prima ottenevano a titolo di remunerazione.

Questo problema tocca marginalmente il capitale impiegato per la costruzione della ferrovia, poiché il reddito di quegli uomini rappresenta solo una frazione minima del reddito complessivo della società impiegato nei viaggi sulla ferrovia, ma è evidente che un processo generale di automazione comporta tassi crescenti di disoccupazione e quindi crisi di sovrapproduzione. Il capitalista padrone della ferrovia (oggi i manager che devono rispondere dei profitti e delle perdite ai milioni di azionisti della società), ha quindi un atteggiamento immediatamente egoistico nel decidere di soppiantare le centinaia di operai che prima occorrevano con le macchine e i pochi addetti che queste richiedono. E ciò accade nonostante lo sviluppo tecnologico crei continuamente nuovi campi di impiego che riescono ad assorbire la mano d'opera prima impiegata nel settore automatizzato.

La ragione principale è che l'aumento dell'efficienza del capitale non è compensata da un adeguato aumento dei redditi nei nuovi impieghi, poiché le sacche di disoccupazione create dall'introduzione dell'automazione, incrementano l'offerta di lavoro ed inducono le persone ad accettare condizioni di lavoro anche peggiori di quelle precedenti pur di garantirsi la sopravvivenza.

L'aumento della produttività indotto dall'introduzione dell'automazione, invece, avrebbe necessità di un corrispondente incremento dei redditi in grado di assorbire l'eccesso di produzione. Di conseguenza, il sistema tende da un lato verso la sovrapproduzione, e dall'altro a deprimere gli investimenti, poiché la contrazione – stagnazione dei redditi non consente l'accumulazione necessaria. Il problema è quindi nella logica stessa dell'accumulazione che induce il sistema a crisi ricorrenti, poiché ne riduce il tasso di efficienza.

In fondo è l'intuizione di Marx e dei primi economisti che compresero che l'economia dell'accumulazione comportava una caduta di efficienza che essi descrissero come caduta tendenziale del saggio di profitto.

Questa idea fu poi accantonata dal pensiero economico, che trovò con Keynes un approccio diverso al problema del livello degli interessi. Il capitalismo, infatti, reagì a questo problema, presente in forma embrionale sin dall'inizio del processo di accumulazione, utilizzando il potere che è la forma di manifestazione propria della logica di accumulazione.

Il passaggio da un'economia dell'accumulazione ad un'economia del consumo fu, infatti, regolato tramite la moneta e la sua emissione. La forma di potere di questa struttura fu, dunque, assicurata dall'economia del debito. In altre parole, era evidente sin dall'inizio del processo di automazione, che l'incremento del reddito non sarebbe stato sufficiente a garantire un'accumulazione sufficiente a tenere il passo con il tasso d'innovazione che le nuove scoperte scientifiche e tecnologiche promettevano.

Peraltro, la stagione d'innovazione scientifica era a sua volta sollecitata dall'affluenza di capitali verso le nuove produzioni, capitali spinti dalla sete di guadagno e dalla logica dell'accumulazione.

Era chiaro, agli uomini che idearono le prime banche creatrici di denaro, che la partita politica si sarebbe giocata sul piano dell'accumulazione monetaria e sul controllo dell'emissione del denaro.

Allo stesso tempo era necessario una distribuzione del denaro tale da assicurare l'efficienza del ciclo di produzione, che gli economisti leggevano come un passaggio dal denaro alla merce e di nuovo al denaro[48].

Se la cosa era chiara ai banchieri, non fu altrettanto chiara agli economisti, per i quali il denaro contava poco o nulla nel processo di produzione, ed era considerato al massimo una stranezza o una follia della classe dominante, utilizzata allo scopo di ridistribuire il reddito all'interno di quella classe, più che a determinare in concreto le effettive relazioni di potere al di là della struttura di classe della società.

Insomma, l'uso del denaro come strumento di potere della borghesia nei confronti del proletariato era una conseguenza dei rapporti di produzione e non un suo presupposto.

Modificando i rapporti di produzione sarebbe mutato anche il segno dei rapporti politici che ne scaturivano. In realtà, la proprietà dei mezzi di produzione è relativamente irrilevante rispetto alla

---

[48]   Ovvero, D-M-D1, dove D1 > D (D=Denaro; M= Merce).

dinamica del capitalismo, soprattutto oggi che esso manifesta in tutta evidenza la sua natura di capitalismo monetario.

L'asservimento non avviene all'interno del processo di produzione, ma è presupposto e conseguenza di esso, poiché è dato dalla creazione del capitale monetario necessario agli investimenti e dal debito necessario per i consumi.

Entrambi i termini del processo di produzione sono nelle mani del potere finanziario che indirizza produzione e consumi verso le attività che determinano la migliore efficienza del capitale investito. Di conseguenza, quello che accade all'interno del processo di produzione conta poco per la logica del capitale monetario, il quale può ben dire di essere indifferente al regime politico.

Infatti, la lotta politica tra le classi ha teso sempre ad una ridistribuzione del prodotto in funzione dei rapporti di forza *interni* al processo di produzione, ed ha sempre ignorato gli effetti della creazione di moneta sul processo economico.

La contrapposizione storica è stata quella tra profitti e salari, e tra risparmio (e relativa rendita) e imposizione fiscale come strumento per la solidarietà e l'efficienza sociale.

Questo, sull'erroneo presupposto, tipico della logica dell'accumulazione, che fosse il risparmio a garantire il capitale necessario per gli investimenti, e che il ruolo delle istituzioni finanziarie sulle emissioni monetarie fosse semplicemente tecnico, e non politico. Il che è vero se consideriamo politico solo il conflitto salario capitale, mentre non lo è affatto se consideriamo come matrice dei fatti politici tutto ciò che genera potere effettivo.

Per gli investimenti non è affatto necessario il risparmio, ma le idee necessarie per costruire qualcosa di innovativo (altrimenti non ci sarebbe alcuna necessità dell'investimento) e la capacità di aggregare le forze necessarie.

E' in questa società, nella quale il potere appare sotto forma di denaro, che questo appare indispensabile per gli investimenti. Ma se pensiamo a molte grandi imprese del passato, ci rendiamo conto che l'elemento fondamentale di esse era l'idea di fondo e l'entusiasmo degli uomini unito alla loro voglia di fare. E lo stesso vale se poniamo mente al software libero, che funziona perfettamente senza denaro e anzi cresce in misura esponenziale nonostante i tentativi del potere monetario di impedirne la diffusione.

Il risparmio è funzionale agli investimenti solo in un'economia dell'accumulazione materiale, ma com'è evidente, esistono altre logiche economiche nelle quali per effettuare gli investimenti il risparmio è marginale o inutile.

La retorica sul risparmio come motore dell'economia, ha avuto l'obiettivo di nascondere il vero motore degli investimenti e dell'economia, ovvero la creazione di denaro da parte delle istituzioni finanziarie.

Non a caso ho messo sullo stesso piano logico il software libero e le grandi imprese del passato che non si sono fondate sul potere del denaro, ma sugli ideali, ad esempio, o molto più prosaicamente sulle conquiste.

Una legge fondamentale dell'economia dice che ogni impresa è vincente se i suoi ricavi sono superiori ai costi. La monetizzazione dei ricavi, però, è solo un caso particolare del calcolo del successo di un'impresa, nella storia gli uomini hanno portato a termine grandi opere per il desiderio di gloria o di onori particolari o per restare a lungo nel ricordo delle generazioni future, poiché desideravano l'immortalità.

L'open source consente a tutti quelli che vi partecipano numerosi vantaggi, alcuni dei quali sono anche monetizzabili.

Essenzialmente, l'ideatore di un codice sorgente ha come principale ricompensa la reputazione che gli deriva nella comunità dei programmatori dalla diffusione e dall'utilizzo della sua idea. Dalla reputazione gli possono anche scaturire vantaggi economici, ma non è quello il fine principale. Insomma, l'open source è una realizzazione pratica di un altro tipo di economia, nel quale la ricchezza non si misura in denaro né è il motore principale per la sua realizzazione[49].

---

[49]   Dal manifesto della GNU: *"Nel lungo periodo, rendere liberi i programmi è un passo verso l'epoca della fine del bisogno, quando nessuno sarà obbligato a lavorare molto duramente solo per guadagnarsi di che vivere. La gente sarà libera di dedicarsi ad attività divertenti, come programmare, dopo aver passato le dieci ore settimanali necessarie in compiti come legiferare, fare consulenza familiare, riparare i robot e prevedere il moto degli asteroidi. Non ci sarà bisogno di guadagnarsi da vivere con la programmazione".*

La reputazione, la gloria, il rispetto e l'ammirazione sociale, il ricordo delle generazioni future, il desiderio di immortalità hanno una valenza certamente maggiore del denaro. Il denaro appare in tutta la sua misera meschinità di fronte allo splendore dei valori contenuti nell'esercizio delle qualità umane.

Il denaro in sé non "vale" niente, nemmeno come oggetto ha "valore" - si tratta in fondo di un pezzo di carta colorato -, se pure ha senso attribuire valore alle cose in sé, senza alcuna relazione con gli uomini che le usano.

Anche se rovesciamo la questione ed attribuiamo valore agli uomini che hanno la capacità di maneggiare denaro e farlo crescere, vediamo quanto sia miserabile questa attività che deve necessariamente mortificare le qualità umane per eccellenza per poter raggiungere i suoi obiettivi. Come sappiamo bene, l'accumulazione monetaria non tiene in alcun conto le qualità umane se non in quanto strumentali alla propria esistenza e al proprio dominio.

Ma se è la creatività dell'uomo che ha dato origine al denaro e solo la paura del domani ha consentito la nascita del potere, alla fine sarà la creatività vincere e il potere del denaro a scomparire.

viii.Le economie alternative

E' possibile costruire un'altra economia?

In una società in cui le risorse scaturiscono solo dal denaro, ogni tentativo di costruire un'economia alternativa è perdente se non affronta la questione dell'emissione del denaro.

Le alternative tendono a nascondere il problema, a non considerarlo affatto, e ad elaborare sistemi in cui il denaro non esiste o non è un problema. E' come se si nascondesse la testa sotto la sabbia per non vedere la realtà. Come se si potesse sradicare dalla testa della gente l'idea del denaro e dell'accumulazione con un atto di volontà o, peggio, con una legge.

In pratica, poi, i tentativi di fare un "*altro mondo*" devono fondarsi sul volontariato, sul *no profit*, sulla generosità e sulla solidarietà, ma non possono crescere fino al punto di sostituire il sistema attuale, anche se queste qualità umane sono grandemente diffuse nel mondo[50].

Una prospettiva indubbiamente interessante da questo punto di vista, è l'economia del dono del movimento dei *focolarini*, che ha raccolto centinaia di imprese in tutto il mondo e coinvolge centinaia di migliaia di persone cui offre un concreto sostegno ed aiuto. L'idea di Chiara Lubich, la fondatrice del movimento, è che le imprese impieghino i loro utili in attività di solidarietà sociale, aiutando i più poveri ed emarginati ad uscire dalla propria situazione di indigenza. La crescita del movimento è stata tumultuosa all'inizio e poi ha rallentato, pur attestandosi su livelli notevoli. Il motore principale dell'economia del dono dei *focolarini*, è il prestigio e la reputazione che deriva alle imprese dal loro comportamento solidale, reputazione che le fa crescere notevolmente poiché attira verso di loro tutti quelli che apprezzano questo tipo di comportamenti.

Si tratta in fondo, di utilizzare il concetto di pubblicità in maniera originale e solidale, rovesciandone l'originario intento egoistico. Oltretutto, la ridistribuzione di utili crea alle imprese anche un mercato, poiché i beneficiati si rivolgeranno a quelle imprese sia come consumatori che come produttori, almeno finché il prodotto che viene loro offerto è comparabile con quello della concorrenza. Il punto è che il movimento, finché non affronta il nodo centrale degli investimenti, non potrà espandersi nel sistema fondato sulla concorrenza una volta esaurita la spinta iniziale che ne ha consentito la crescita.

Il comportamento solidale delle aziende che aderiscono all'economia del dono, è contrario alle regole del mercato ed

---

[50]   E' interessante notare la proliferazione ed il successo, anche in Italia, di esperimenti di democrazia partecipativa e di sviluppo sostenibile a livello locale. In Italia, il primato spetta a Grottammare, un comune abruzzese in cui i cittadini intervengono attivamente sulle decisioni importanti della vita del paese attraverso un sistema di assemblee. Il Piano regolatore, la farmacia comunale, la gestione del depuratore, il rifiuto della grande distribuzione, l'olio di colza al posto della benzina, l'informatizzazione della popolazione, sono i principali risultati della partecipazione popolare alla gestione della cosa pubblica. Soprattutto il successo della lista che partita con una maggioranza striminzita, ha decisamente incrementato il proprio successo con il secondo mandato. Altro Comune su questa china sono Pieve Emanuele e Monsano, che hanno sperimentato con successo analoghe iniziative.

oggettivamente espone quelle aziende al rischio di finire fuori mercato, se non effettuano investimenti in grado di farle competere con le concorrenti. A questo scopo devono reinvestire almeno parte degli utili per l'innovazione e la ricerca nel settore in cui operano. D'altra parte, la spinta della solidarietà e del volontariato prima o poi è destinata ad esaurirsi, venuti meno i vantaggi che derivano alle imprese dalla reputazione acquisita. Certo i margini di operatività sono molto ampi e il movimento ha ancora molto spazio per crescere. Ma nel gioco della concorrenza è destinato a soccombere se non affronta il problema degli investimenti.

Altro movimento di indubbio successo ed interesse è quello del *microcredito*[51], nato dall'idea di Mohammad Yunus, il banchiere dei poveri che da oltre vent'anni concede ai poverissimi, cui nessuna altra banca al mondo darebbe mai una lira, piccoli prestiti per consentire loro di iniziare un'attività che li conduca fuori dallo stato di disperazione in cui versano. Sull'idea di Yunus sono sorte oltre duemila istituzioni che praticano questa finanza etica il cui scopo non è l'accumulazione monetaria, poiché i prestiti sono effettuati a tassi prossimi allo zero, ma il riscatto del maggior numero di persone dalla povertà e dalla miseria. Di questi finanziamenti hanno beneficiato oltre 55 milioni di persone in questi anni. La percentuale di restituzione, per quanto possa sembrare strano ad una mentalità occidentale, è elevatissima, sfiorando quasi il cento per cento. Chi investe in questa finanza etica non prende profitti, ma ha la consapevolezza di aver compiuto un atto di solidarietà oltre ad avere la quasi certezza che il proprio capitale monetario non subirà perdite. La logica del microcredito, poiché esclude gli interessi e l'accumulazione, si avvicina molto all'idea dei finanziamenti della Banca del Movimento che, allo stesso modo sono privi di interessi a carico del soggetto finanziato. Un finanziamento senza interessi come quello gestito dalle banche etiche che praticano l'idea di Yunus, è vicino all'idea di un'economia di non accumulazione. Si tratta pur sempre di eliminare gli interessi, e di consentire agli emarginati di iniziare una qualche attività economica che li metta in

---

[51] In Italia la logica del microcredito è stata concretizzata dalla rete delle MAG, società finanziarie in forma cooperativa che supportano piccoli progetti di impresa tutti legati tra loro e che si sostengono reciprocamente senza gravare i soci con garanzie e interessi se non in misura ridottissima. La rete è anche connessa a Banca Etica, struttura che finanzia progetti di imprese non inquinanti e con un tasso di interesse inferiore a quello praticato dalle altre banche.

condizione di mantenersi da sé. Non è l'economia del dono ma quanto meno ci si avvicina.

Il principio sul quale si fonda l'economia del dono è però, assolutamente corretto. Il dono e la generosità sono certamente più vantaggiosi rispetto all'egoismo ed al profitto. Occorre però trovare gli strumenti affinché questa superiorità dell'economia del dono diventi permanente, e sia in grado di suscitare risorse ed energie in misura maggiore di quanto non faccia il sistema attuale.

Un elemento fondamentale affinché questo avvenga è la partecipazione di tutti alle scelte di produzione e di investimento. Il sistema attuale è per questo aspetto, invece assolutamente gerarchico e piramidale. Le scelte sugli investimenti sono effettuate dalle istituzioni finanziarie che privilegiano le iniziative che garantiscono i maggiori profitti, mentre le scelte sulla produzione (dall'organizzazione alla tipologia del prodotto) sono effettuale dalla direzione dell'azienda senza che i lavoratori siano in alcun modo coinvolti in esse. Come abbiamo visto, in queste scelte sulla produzione sono in qualche modo coinvolti i consumatori, presso i quali viene sondato il gradimento dei nuovi prodotti. Questo coinvolgimento, però, è a sua volta determinato dagli investimenti, nel senso che spesso il gradimento viene costruito con un bombardamento mass mediatico che rende gradevoli anche cose o prodotti che in sé non lo sarebbero affatto. Di qui l'importanza della coscienza critica del consumatore al fine di indirizzare la produzione verso attività di effettiva utilità e gradimento.

Di grande interesse è la proposta di Michael Albert e Robin Hanhel che va sotto il nome di Economia Partecipativa (o ParEcon)[52] . In questo progetto Albert esplora una strada per la costruzione di un'economia alternativa sia al liberismo capitalista che al centralismo di stampo sovietico. La sua attenzione è incentrata sulla partecipazione dei produttori e dei consumatori a tutte le fasi del processo di produzione, per mezzo di un sistema assembleare,

---

[52]   Michael Albert, *Parecon - Life After Capitalism*, Verso Books, London & New York: 2003 di prossima uscita in Italia per i tipi del Saggiatore nella traduzione di Adele Oliveri. Buona parte del materiale sulla Parecon, comunque, si trova, rigorosamente no copyright, sul sito Z.net il cui indirizzo per la versione italiana è www.zmag.org/italy/parecon-it.htm).

abbastanza complesso, di discussione e decisione sulle scelte di consumo e di produzione. La domanda globale (beni di consumo e di investimento) viene determinata tramite una pianificazione partecipativa dai consumatori e dei produttori che, in maniera non molto lontana da quanto avviene ora in una qualsiasi azienda di grandi dimensioni, indicano le proprie necessità per l'anno successivo. La novità consiste nel fatto che a determinare la domanda effettiva contribuiscono tutti i soggetti sociali attraverso un sistema assembleare organizzato orizzontalmente, spesso praticabile per via elettronica, attraverso il quale si attua una pianificazione non verticistica della produzione in funzione della domanda effettiva. Per i dettagli sul sistema ideato da Albert e Hanhel vi rimando alle sue opere e al sito internet.

Qui mi preme sottolineare la linearità della dimostrazione di Albert sulla superiorità della pianificazione partecipativa rispetto al mercato che lascia alla teodicea della *mano invisibile* le scelte di produzione, causando una grande inefficienza del sistema economico. L'obiettivo della Economia partecipativa è la democratizzazione e la razionalizzazione dei processi di produzione e di quelli di consumo, e Albert dimostra in maniera abbastanza convincente che, tramite questa via, i processi di produzione diventano più efficienti di quanto non siano oggi, poiché il coinvolgimento dei produttori e dei consumatori, in quanto agenti sociali, determina una migliore veicolazione dei prodotti che rispondono alle esigenze sociali, senza che sia necessario il convincimento mediatico per indurre al consumo. Si tratta insomma, di una pianificazione dal basso che dovrebbe risultare molto più efficiente in termini di produzione di ricchezza, sia della pianificazione centralizzata che del mercato, nel quale l'efficienza marginale del capitale è la legge che non tiene conto dei costi sociali degli investimenti. La collegialità delle decisioni sugli investimenti è uno strumento anch'esso caratteristico dell'economia partecipativa ed è di estrema importanza poiché comprende il concetto di funzione sociale del capitale che è proprio dell'idea dei Titan, come vedremo in seguito.

Se l'analisi di Albert è convincente, il suo progetto lo è meno poiché la sua piena attuazione comporta una rivoluzione e un potere che la gestisca. Nondimeno, nel progetto di realizzazione di una FAZ, si possono introdurre alcuni principi di funzionamento della Parecon, come ad esempio i consigli di produttori e di consumatori che pianifichino i propri bisogni. Insomma, gli aspetti "politici" della Parecon possono essere facilmente adottati da una struttura come le FAZ in cui le relazioni umane prevalgono sugli interessi meramente egoistici. Ma ritengo fondamentale l'adozione di uno strumento di decumulo del denaro al fine di uscire dalla logica del capitalismo.

Insomma la costruzione di una macchina che oggettivamente porti il sistema fuori dall'organizzazione capitalistica fondata sulla accumulazione monetaria. Questa, come vedremo, è la logica della FAZ e dei Titan, che peraltro condivide con l'economia partecipativa il principio della collegialità delle scelte sulla produzione e del coinvolgimento sociale su tutti i processi economici. Ma, appunto, il problema fondamentale è come costruire una macchina che non dipenda per il suo funzionamento da volontà politiche o sociali. Se fosse necessario un intervento normativo per mantenere in piedi il sistema, ci troveremmo in una situazione in cui il potere avrebbe di nuovo il sopravvento e finirebbe alla fine per stravolgere il senso stesso di ogni riforma.

Una nuova economia deve dimostrare la propria superiorità indipendentemente dalla volontà degli uomini che vi partecipano, poiché deve essere conveniente per tutti e deve indurre automaticamente comportamenti conformi ai suoi principi. Per superiorità intendo una migliore adesione dei principi di funzionamento allo stato dei rapporti di produzione, con la conseguenza che questi sono messi in condizione di svilupparsi in misura più soddisfacente per il maggior numero di membri della società. In altri termini, è necessario che le scelte politiche non siano necessarie per il funzionamento della macchina, un po' come avviene per l'economia cosiddetta di mercato, nella quale la politica interviene come correttivo, ma non per determinare il funzionamento del sistema.

Dobbiamo anche togliere dalla testa della gente l'idea che il liberismo di mercato abbia qualcosa a che vedere con la libertà individuale o con quella delle nazioni. Cosa c'è di libero in un mercato dominato da oligopoli o monopoli di multinazionali e che fonda il suo principale potere su una truffa come quella della creazione del denaro e sulla rappresentazione dell'inganno come quello riprodotto quotidianamente dalla televisione?

Dobbiamo fare in modo che lo spirito critico si diffonda il più possibile, e a questo fine, internet è un grande veicolo. Mai come oggi è vero che la verità è rivoluzionaria. Il nostro obiettivo è di creare un'economia solidale perché, come abbiamo visto, i principi di solidarietà e di partecipazione sono più convenienti per tutti i membri della società e quindi ci permettono di addivenire all'obiettivo di una società più giusta e che funzioni meglio della precedente.

Il sistema di un'economia alternativa deve funzionare meglio di un sistema di economia di mercato o di uno di economia centralizzata perché la sua organizzazione è in grado di utilizzare al meglio le energie dei suoi membri. Questo non comporta necessariamente né una ridistribuzione forzata del prodotto, né una organizzazione gerarchica della società né, tanto meno, la spoliazione di una classe sociale in favore delle altre. Questo tipo di approccio al problema è tutto all'interno della logica dell'accumulazione e della scarsità delle risorse e del prodotto.

In una situazione in cui, al contrario, le risorse e il prodotto sono sovrabbondanti, quello che è necessario comprendere è che è possibile ed utile, per tutte le classi sociali, che la ridistribuzione avvenga secondo criteri diversi che finiscano per premiare le qualità umane, e non gli egoismi e le fortune contingenti.

E' possibile che per un certo periodo convivano diverse economie, e non ritengo sia necessario che l'una prenda il sopravvento sull'altra per effetto di interventi normativi che scaturiscono dall'esercizio di un potere. Un'economia alternativa all'accumulazione monetaria ha come fondamento un meccanismo che impedisca appunto l'accumulazione della moneta, e che determini un sistema di investimenti in grado di suscitare al meglio le energie produttive.

La proposta è che questo meccanismo si possa costruire sul tasso negativo e sul reddito di cittadinanza.

V. IL TASSO NEGATIVO

i. Introduzione

Il termine *Titan* è l'acronimo dell'espressione *Titoli a Tasso Negativo*.

I titoli a tasso negativo sono strumenti finanziari emessi con un tasso di interesse negativo a carico del portatore del titolo. Essi, quindi, perdono valore con il decorso del tempo.

I titoli possono essere emessi sia da società private che da enti pubblici. Le differenze sono notevoli quanto alle conseguenze politiche, ma da un punto di vista tecnico, a parte la normativa di riferimento e le modalità di emissione, le differenze tra le due tipologie di titoli sono irrisorie, e per gli utilizzatori, produttori e consumatori, non c'è alcuna differenza.

Per questa ragione, gli aspetti tecnici della emissione e della circolazione dei titoli saranno trattati insieme nell'appendice alla quale rimando per una descrizione degli aspetti pratici e tecnici dei titoli. Qui ne tratto gli aspetti teorici e filosofici.

L'idea dei titoli a tasso negativo è direttamente derivata dal denaro a tempo elaborato da Silvius Gesell ai primi del secolo scorso[53]. Nel mio libro *Un Milione al mese a tutti: Subito!* ho trattato in maniera dettagliata il senso della proposta di Gesell e le critiche alla sua proposta. Alle critiche si aggiunsero, però, gli elogi di economisti di grande prestigio come Fisher e Keynes che consideravano l'idea di Gesell degna della massima considerazione, pur avanzando delle obiezioni sul suo funzionamento. In

---

[53]   Silvius Gesell, *Die natürliche Wirtschaftsordnung durch Freiland und Freigeld*, Hans Timm Verlag, Leipzig, 1916. (L'ordine naturale mediante l'affrancamento della terra e della moneta). Su Gesell e il suo denaro a tempo cfr, il mio *Un Milione al mese a tutti: subito!* Op. cit. pag. 145 e segg., con particolare riferimento alle considerazioni di Fisher e Keynes e sulla questione degli equivalenti monetari. Recentemente (2011) è stata pubblicata da Arianna Editrice la versione in ebook del libro tradotto in italiano da Silvano Borruso e con una mia introduzione.

particolare, Keynes dedica al denaro a tempo di Gesell un capitolo intero del suo *Trattato*, nel quale esamina il funzionamento del sistema ed espone una critica, fondata sulla questione degli equivalenti monetari. Si tratta in pratica del fatto che, poiché il denaro è una merce, se lo assoggetti a tassazione, quale di fatto è il denaro a tempo, gli operatori sceglieranno un'altra merce per le transazioni, vanificando di fatto l'applicazione dell'imposta.

La risposta a questa obiezione consiste nel fatto che oggi la complessità è la varietà dei pagamenti da effettuare quotidianamente impedisce di fatto l'utilizzo per le transazioni di uno strumento diverso dal denaro liquido, mentre all'epoca di Keynes e Gesell le transazioni erano molto ridotte ed il denaro era in pratica usato con continuità solo da una ristretta cerchia di persone.

La logica di Gesell è che il denaro debba essere un puro strumento di misura degli scambi e non una merce. In questo egli è stato molto lungimirante, poiché per primo si è reso conto che l'irruzione del denaro cartaceo modificava in modo radicale la stessa natura del denaro.

Un'altra critica nei confronti del denaro a data di Gesell è stata recentemente formulata da Nikolaus Laüfer, un economista tedesco che, in uno studio sulle monete di decumulo, evidenzia i possibili meccanismi negativi ingenerati da queste nel lungo termine.

In effetti, non c'è mai stata una sperimentazione a lungo termine del denaro di decumulo, ma in linea teorica il sistema dovrebbe funzionare molto meglio dell'attuale perché rende possibile regolare la quantità di moneta nel sistema economico in maniera molto più precisa di quanto non avvenga oggi.

Insomma, in una fase di recessione oggi la quantità di moneta si riduce per mezzo dei fallimenti e delle insolvenze. Con i Titan si ridurrebbe con un paio di provvedimenti della BdM o delle finanziarie di emissione.

Ritengo la critica di Laüfer infondata e ne spiego le ragioni.

Laüfer sostiene che il denaro a data è un rimedio contro la tesaurizzazione e quindi un sostegno alla domanda. Questo in effetti era il problema negli anni trenta, quando l'oro, che costituiva la base metallica per le emissioni monetarie, scomparve dalla circolazione per effetto della crisi e gli economisti escogitarono le idee più svariate (in genere pure idiozie), per farlo uscire fuori. Alla fine fu vietata la conversione delle banconote in oro e istituito l'obbligo di trasferire l'oro in lingotti allo Stato. Ci si accorse che non era l'oro il problema, ma la moneta, ed in questo contesto nacque il keynesismo.

Dice Laüfer che una riduzione del "*valore*" del denaro ridurrebbe la domanda di denaro finché la base monetaria non si stabilizzasse ad un nuovo livello d'equilibrio. Questo ragionamento presuppone:

a) che la moneta sia una merce;

b) che il sistema di emissione e quello di circolazione della moneta siano identici all'attuale.

Quello che Laüfer non considera è che il denaro a data modifica in maniera radicale tutti i parametri della moneta ed in particolare i due che abbiamo appena considerato.

Mi spiego meglio. L'argomentazione di Laüfer è la seguente: *in una economia in crisi il denaro viene tesaurizzato. Questo riduce l'offerta di moneta sul mercato e genera una forte domanda. Di conseguenza i tassi di interesse sono alti*[54]. *La perdita di valore, genera un'offerta sul mercato poiché fa venire meno la convenienza alla tesaurizzazione. Allo stesso tempo, però si indebolisce la domanda di denaro e poiché si riduce la base monetaria (la quantità di denaro in circolazione), finché ci sarà una domanda inferiore alla base il denaro circolerà. Quando la domanda coinciderà di nuovo con la base monetaria, il denaro sarà di nuovo tesaurizzato, si ridurrà l'offerta e aumenterà la domanda al nuovo livello dei tassi di interesse.* Pertanto, conclude Laüfer, per stimolare di nuovo l'offerta di denaro, è necessario aumentare il tasso di deperimento creando una nuova differenza di potenziale tra domanda di denaro e base monetaria.

Il presupposto del ragionamento è quindi la tesaurizzazione del denaro. Questo presupposto aveva un senso in un sistema monetario fondato sul gold standard, ma non ce l'ha in un sistema fondato sul debito. La tesaurizzazione del debito è un nonsenso. Il risparmio è un sogno del passato, nella nostra società non si fa più

---

[54] Per inciso va notato che uno dei provvedimenti presi dalla FED nel 1932 per ovviare alla tesaurizzazione fu proprio quello di alzare i tassi di interesse, con la conseguenza di distruggere quel poco di economia sana che era rimasto dopo la crisi del '29.

risparmio e la base monetaria viene regolata esclusivamente dal debito.

Inoltre, Laüfer considera il sistema del denaro che perde di valore contrapposto ad un sistema in cui il valore è costante, che sarebbe l'attuale. Niente di più falso. Nel sistema attuale il denaro perde continuamente valore per effetto dell'inflazione, com'è evidente a tutti. Eppure questo non comporta un incremento esponenziale della velocità di deperimento di valore.

Infine Laüfer considera gli effetti del denaro a scadenza solo dal lato della domanda di beni. E' vero che Gesell enfatizzò gli effetti del denaro a data sulla domanda di beni, perché quello era allora il problema. Ma il denaro a data ha effetti anche sul lato dell'offerta di beni, ovvero sulla produzione poiché consente, come vedremo, di armonizzare il ciclo della produzione con il ciclo del consumo.

Infine, ma non si tratta certo di una considerazione di scarsa importanza, il denaro a data sottrae alle banche il potere di creare denaro sul debito, e abbiamo visto come questo sia decisivo per la liberazione dell'umanità dal giogo del potere finanziario. Laüfer ignora questo argomento, e si limita a notare che i sostenitori del denaro a data di Gesell accusano il sistema bancario di non volere il denaro a data per ragioni di potere, mentre le sue considerazioni sarebbero decisive per considerare inefficace la proposta del denaro a data. Magnifico esempio di come si possa nascondere una realtà politica (il potere delle banche), dietro una critica tecnica (peraltro pure infondata).

Se l'idea del tasso negativo trova la sua radice nel denaro a data di Gesell, il suo sviluppo è alquanto più articolato, per le ragioni che andremo ad esaminare in seguito.

Il tasso negativo non è certo una grande novità.

All'inizio della pratica bancaria, veniva richiesto ai depositanti il pagamento di una somma per il deposito dell'oro e degli altri preziosi dati in custodia alla banca, e questo di fatto si traduceva nell'applicazione di un tasso negativo sul deposito.

Le banche svizzere per molto tempo hanno applicato ai depositi provenienti dall'estero un costo di gestione maggiore dell'interesse erogato, e anche questa pratica si traduceva di fatto in un tasso negativo sul deposito.

Ciò era reso possibile dalle garanzie di sicurezza che la neutralità della Svizzera offriva ai depositanti, oltre all'affidabilità nel deposito e alla riservatezza assoluta.

Di fatto, la Svizzera, così come gli altri paradisi fiscali, è stata, una manna fino a pochi anni fa, per dittatori, ladri, speculatori, evasori fiscali e truffatori[55]. Poi, quando le mutate condizioni internazionali e l'azione di una magistratura più indipendente dal potere politico, hanno messo allo scoperto diversi scandali, il potere finanziario svizzero ha cominciato a declinare.

Insomma, il tasso negativo applicato da quelle banche costituiva, di fatto, il prezzo del silenzio e della correità.

Recentemente, nella primavera del 2002, il tasso negativo è stato applicato da Warren Buffett ad un prestito obbligazionario convertibile nelle azioni del suo stesso fondo.

Lo scopo, evidentemente, era quello di alzare la quotazione delle azioni del fondo, e d'altra parte Buffett non aveva alcun bisogno di denaro liquido, considerato che al momento dell'emissione del prestito, il suo fondo aveva una liquidità di oltre sette miliardi di dollari.

Ancora più recentemente, nell'inverno del 2002, la banca internazionale ABN Amro ha concesso un prestito in yen a Société Genérale al tasso negativo dello 0,1% annuo per dieci anni. Anche qui lo scopo è di tutelarsi da una deflazione che si prevede sarà maggiore del tasso negativo previsto in Giappone.

Da un altro punto di vista, possiamo dire che, in un certo senso, l'inflazione è l'applicazione di un tasso negativo al denaro, poiché alla fine l'effetto è il medesimo, vale a dire quello di una perdita continua del potere di acquisto della moneta. La differenza di immediata evidenza è che mentre nel tasso negativo la perdita è

---

[55]   Vedi sull'argomento, R.Nobile, *Paradisi fiscali*, Malatempora edizioni, Roma 2001, una mappa completa dei paradisi fiscali nel mondo e delle tecniche di evasione ed elusione fiscale.

costante e predeterminata, nell'inflazione la perdita è incostante ed imprevedibile[56]

L'inflazione è vista a volte come un nemico da combattere altre volte come un male necessario, altre volte ancora come un toccasana. In genere, le discussioni sull'inflazione sono infarcite di luoghi comuni e di banalità prive di significato reale. Questo non solo sui mass media ma soprattutto nelle pubblicazioni specialistiche.

Il punto è che non sono mai stati esaminati compiutamente gli effetti in un sistema economico dell'applicazione di un tasso negativo agli strumenti finanziari e non se ne conosce, quindi, l'effettiva potenzialità.

ii. Gli obiettivi del tasso negativo

L'introduzione del tasso negativo nell'economia modifica in maniera radicale l'organizzazione della produzione, determina le condizioni per un efficace controllo sull'andamento del ciclo economico, e determina le condizioni di un pieno sviluppo delle forze produttive. Allo stesso tempo, il tasso negativo consente di uscire dall'economia del debito, con tutte le conseguenze di ordine politico che questo comporta.

La teoria del tasso negativo comporta una diversa definizione dei concetti di ricchezza e di produzione. In particolare, come abbiamo visto, ogni attività immateriale è produzione di ricchezza e la loro irruzione nel sistema economico ha reso necessaria la crescente smaterializzazione del denaro e la creazione della moneta segno.

Sembra strano che sia necessario dimostrare quello che è sotto gli occhi di tutti e che peraltro sembra accettato comunemente, poiché nel calcolo del PIL di qualsiasi nazione i servizi e le attività

---

[56]   Anche nel senso che le previsioni sul tasso futuro di inflazione vengono regolarmente sbagliate dagli addetti ai lavori e più che altro sembrano svolgere una funzione politica più che scientifica.

immateriali entrano a pieno diritto nel novero delle attività che producono ricchezza.

Ciononostante, gli strumenti di analisi economica non tengono affatto conto della differenza ontologica che intercorre tra una produzione materiale e una immateriale. Anzi, per molti economisti questa differenza non esiste e le attività immateriali appartengono, comunque, ad una specie di secondaria importanza rispetto a quelle materiali.

Le conseguenze sono paradossali. Rispetto alla prima metà del ventesimo secolo, i rapporti di produzione sono cambiati in maniera radicale ma nessuno sembra essersene accorto fino in fondo e gli strumenti di indagine e di intervento sono rimasti quelli del secolo scorso.

Allo stesso tempo, in maniera del tutto empirica, e provenendo da punti di vista affatto diversi, gruppi di persone e di società stanno cercando di porre rimedio a quello che è il problema principale e che sta sotto gli occhi di tutti.

Nonostante la nostra ricchezza sia di gran lunga maggiore di quella dei nostri nonni o dei nostri antenati, mancano gli strumenti finanziari per poterla raggiungere e sviluppare.

In poche parole, alla maggior parte della gente mancano i soldi.

E così, esperimenti come quelli dello Eiar, o delle LENS inglesi, oppure le Ithaca Hours newyorkesi[57], stanno a dimostrare che per scambiarsi servizi la gente ha necessità di una misura delle proprie prestazioni e che senza una moneta segno gli scambi non sarebbero possibili.

---

[57] Si tratta di monete alternative emesse da varie associazioni per favorire il baratto tra gli associati. In genere le emissioni stanno a rappresentare ore di lavoro che vengono scambiate alla pari tra gli aderenti (ad esempio un'ora di giardinaggio equivale ad un'ora di musica o di un idraulico), ma in alcuni paesi queste monete hanno assunto un peso ed un'importanza notevole per molte persone che riescono a vivere delle attività generate da questi scambi. In Argentina, in particolare, oltre un milione di persone fa riferimento a queste catene di baratto per sbarcare il lunario e il loro numero cresce a vista d'occhio per effetto della crisi. Anche in Giappone e Inghilterra queste strutture sono molto diffuse, mentre in Italia, anche a causa di una legge che ha attribuito ai Comuni il compito di promuoverle, il numero degli associati e la diffusione dell'iniziativa è molto ridotta. Queste attività sono iscritte nell'ambito del no-profit, termine con cui si indicano tutte le attività svolte fuori dalla logica di impresa. A volte, però, dietro queste realtà si nascondono realtà di sfruttamento del lavoro dei volontari.

Il problema è quindi che è necessario trovare un sistema di monetazione abbastanza elastico da essere adeguato alla quantità di beni e servizi che vengono prodotti in un dato momento in una società, che non generi debito, e che quindi non cresca su sé stesso, e che, pertanto sia legato alla sorte ed alla durata nel tempo dei beni che ha contribuito a far creare.

Entrando nello specifico, mi propongo di dimostrare che:

1.   Le emissioni monetarie sono soggette alla funzione del tempo e che pertanto devono essere commisurate ad esso. Inoltre tale misura è una funzione dell'obsolescenza dei beni per i quali sono state eseguite le emissioni monetarie.

2.   La funzione del risparmio è legata intrinsecamente alla logica dell'accumulazione monetaria e questa all'interesse sul denaro. E' possibile costruire un'economia in cui il risparmio non sia affatto determinante per ottenere i capitali necessari agli investimenti e nel quale l'interesse sul denaro sia bandito.

3.   L'andamento del ciclo economico è determinato essenzialmente dalla creazione della relativa moneta, ed è pertanto possibile innescare un ciclo virtuoso utilizzando i diversi strumenti di controllo sulla moneta consentiti dal tasso negativo.

4.   L'armonizzazione del ciclo deve risultare dall'azione congiunta di interventi a livello nazionale con politiche locali, nel rispetto assoluto delle dinamiche del mercato.

Il tasso negativo tende a ridurre la funzione di merce del denaro e ne esalta la funzione di mezzo di scambio.

E' possibile costruire all'interno di questo sistema società e gruppi che agiscano indipendentemente dal sistema finanziario ordinario e che interagiscano con il sistema economico finanziario ordinario. Come abbiamo visto, chiameremo **FAZ** (Zone Finanziarie Autonome) queste società. Il loro obiettivo sarà quello di prefigurare la più generale riforma del sistema finanziario ed economico.

In passato, la realizzazione concreta dell'idea di un denaro di decumulo (o gravato da tasso negativo), fu tentata da Silvius Gesell, che provò ad applicarla nel governo comunista della Baviera del 1919 la cui brevissima durata, però, non consentì alcun esito all'esperimento. Altre applicazioni del tasso negativo, furono tentate in alcune regioni d'Europa subito dopo la crisi del '29, contribuendo a risollevare le economie locali, ma vennero tutte spazzate via dai venti di guerra che travolsero il vecchio continente subito dopo.

In realtà, il denaro di decumulo non è esattamente un titolo finanziario a tasso negativo, anche se, agli effetti pratici, cambia poco o nulla. Sia il denaro di decumulo che i titoli a tasso negativo perdono il loro valore con il decorso del tempo fino a scomparire definitivamente.

Il denaro di decumulo, però, presuppone un'Autorità Centrale che determini il tasso, e poiché si tratta di denaro, questo non può che essere uguale per tutte le emissioni. Infatti, come il tasso di sconto è applicato nei confronti di tutti gli istituti bancari, così il tasso negativo sulle emissioni monetarie ovvero l'imposta sul denaro che ne costituisce una variante meramente nominale ma identica negli effetti, deve essere il medesimo per tutta la massa monetaria.

I Titan, invece, sono strumenti propri della finanza locale, sia pubblica che privata, e per loro natura possono essere emessi a tassi di interesse diversi, e non hanno bisogno di alcuna autorità centrale che li emetta.

I Titan, quindi, possono essere emessi, a determinate condizioni, da enti pubblici, da società e gruppi privati, e da banche.

Queste emissioni rendono concreto e definiscono un concetto di partecipazione all'impresa che va ben al di là del semplice acquisto dei titoli azionari.

Coniare ed emettere moneta è da sempre la principale prerogativa del potere. La mappa del potere è radicalmente cambiata negli ultimi decenni e le vicende della moneta ne descrivono in maniera efficace le vicissitudini.

I Titan sono, per questo aspetto, uno strumento di affermazione del potere locale contro quello centrale, e quindi, sono uno strumento di libertà.

Inoltre, la loro emissione e circolazione avviene sotto il controllo di tutti, smascherando definitivamente l'inganno nascosto dietro le ipocrisie del potere finanziario.

iii. Filosofia del tasso negativo

Il Tasso Negativo è lo strumento che supponiamo essere utilizzabile al fine di impedire in maniera automatica l'accumulazione monetaria.

In un'economia dell'accumulazione è naturale che lo strumento principale dello scambio, il denaro, sia anch'esso assoggettato alle stesse regole dei beni oggetto dello scambio.

Questa "*naturalità*", a dire il vero, stride in maniera evidente con alcuni precetti etici e logici ritenuti da filosofi, giuristi e religiosi di fondamentale importanza.

Anche altre istituzioni del sistema dell'accumulazione, stridevano in maniera evidente con principi etici fondamentali, senza che questo però, avesse suscitato la ribellione degli stessi filosofi, giuristi e religiosi.

E' chiaro, ad esempio, che la schiavitù contrasta con il principio etico fondamentale della pari dignità di tutti gli esseri umani, eppure i filosofi l'hanno considerata conseguenza di una legge naturale, i giuristi l'hanno regolamentata e i religiosi l'hanno anch'essi tollerata purché ne fossero mitigate le asprezze.

L'innaturalità dell'interesse e dell'accumulazione monetaria era riferito dagli antichi alla considerazione che dalle cose inerti, e tale doveva essere considerato il denaro, non potevano venire frutti che erano invece propri degli esseri viventi. Ciò che sfuggiva loro è che l'accumulazione era il presupposto del potere e la sua giustificazione storica.

Mediante l'esercizio del potere e con l'uso della forza, gli uomini regolavano una distribuzione dei beni prodotti o raccolti che era divenuta insufficiente rispetto alle necessità.

L'accumulazione svolgeva una funzione di garanzia, ed era quindi indispensabile per la sopravvivenza dei singoli e della comunità. Anche la schiavitù trovava la sua giustificazione nella logica dell'accumulazione. Solo con un atto di violenza era possibile convincere degli uomini a lavorare duramente, cedendo buona parte del frutto del proprio lavoro ad altri uomini per garantire loro la sopravvivenza e un relativo benessere.

Nell'antichità era abbastanza chiaro che la scarsità delle risorse fosse *il problema*. La mitica età dell'oro non conosceva né guerre né miseria e si fondava sulla pastorizia e sulla raccolta dei frutti della terra.

Nel mito dell'età dell'oro, insomma, gli antichi descrivevano una società perduta, fondata sull'economia del dono e del consumo rituale, una società in cui l'abbondanza dei beni accomunava gli uomini e li rendeva più miti e più saggi (oltre che decisamente più felici).

Nei libri di storia, si mostra ai ragazzi l'ingenuità di quelle tribù *"primitive"* che cedevano ai conquistatori europei il proprio oro in cambio di specchietti e perline colorate.

Li chiamiamo primitivi perché non conoscevano il *"valore"* delle cose e quindi cedevano oggetti che per noi hanno un grande *"valore"* in sé in cambio di altri oggetti che non ne hanno affatto. Insegniamo ai ragazzi un assurdo nel quale ci ha indotti la logica dell'accumulazione, che le cose, cioè, abbiano valore in sé, indipendentemente dagli uomini.

E' questo rovesciamento della relazione tra il vivente e l'inanimato, che rende in realtà gli occidentali primitivi rispetto alle tribù più sperdute del mondo.

E' questo mettere il valore al di fuori dell'umano, che è fonte della violenza e della prevaricazione. Gli uomini sono spinti alla violenza poiché, per tutelare la propria esistenza, devono difendere il sé stesso che è posto al di fuori di sé, appunto nel valore delle cose.

Quella che per gli antichi era la sacralità della vita, diventa per gli occidentali la sacralità delle cose depositarie della vita.

L'insicurezza dell'esistenza indotta dalla scarsità delle risorse e dalla violenza necessaria per garantirsela, sposta l'area del sacro dalla vita in sé alle cose che la rendono possibile.

Se c'è una ragione per cui è nata la metafisica, la ritroviamo in questa violenza alla natura umana che deriva dal salto di paradigma indotto dalla necessità di assicurarsi l'esistenza.

In questo salto trova la sua giustificazione anche la nascita del tempo e dello spazio come misura della sicurezza di vita.

La garanzia dell'accumulazione è nel futuro, mai nel presente. E' il futuro ad essere luminoso e sereno, mentre il presente è oscuro e miserabile. Sotto la spinta della paura della morte per fame, ad imitazione dell'avaro di Molière, gli uomini rinunciano a vivere il presente della propria condizione umana concreta.

La speranza vissuta nel sogno gli fa dimenticare la miseria del presente e gli uomini non esitano a servirsene pur di allontanare il timore. Il pastore vive la concretezza del pascolo che, oggi, è necessario al suo gregge. Il contadino vive la speranza dei frutti che i semi gettati oggi daranno domani.

Il tempo, è l'intervallo tra un atto compiuto oggi – *la semina* – e quello che si spera di compiere domani – *il raccolto* -. Il tempo dell'attesa è popolato di incubi e di sogni. Il potere dà concretezza ai sogni ed allontana gli incubi.

Lo spazio è quello del campo necessario per garantire la sopravvivenza al gruppo. In quanto tale, è visto come spazio vitale, poiché da esso deriva la vita del *gruppo*, che esso sia una famiglia di poveri contadini o un impero che si estende tra gli oceani. Per definizione lo spazio, nella logica dell'accumulazione, è *sempre* insufficiente, poiché in esso è logicamente impossibile addivenire ad una piena soddisfazione dei bisogni. I bisogni, infatti, sono infiniti, e i frutti del lavoro nello spazio, per quanto esso sia limitato sono accumulabili all'infinito (appunto per garantirsi contro infiniti anni di carestia), mentre lo spazio in sé è finito e limitato[58]. Per la logica

---

[58] Forse è per questo che essi credevano che la terra fosse piatta. Un disco, infatti, ha una superficie finita e limitata mentre una sfera ha una superficie finita ma illimitata. La convinzione della scarsità delle risorse (convinzione che era la fonte del potere), li portava

dell'accumulazione, per quanto esteso sia lo spazio conquistato, esso non potrà mai soddisfare tutti i bisogni indotti da un'accumulazione infinita.

Non tanto la crescita demografica in sé, ma la sola possibilità che essa avvenisse, rendeva necessaria la ricerca di altro spazio, e la consapevolezza di quanto esso fosse limitato pesava in maniera angosciosa sulla coscienza di quegli uomini. Il potere legava indissolubilmente la vita allo spazio ed al tempo di cui esso stesso concepiva la durata e le dimensioni. Perciò, al di fuori di *quello* spazio e di *quel* tempo la vita era insensata, impossibile da vivere[59].

Una società in cui il denaro non sia accumulabile, deve quindi necessariamente affrontare per primo il tema della sicurezza, proprio per evitare che il sogno di sicurezza che illusoriamente dona il denaro, si trasformi nell'incubo dell'incertezza permanente.

Il denaro ci dona la sicurezza del futuro. Viviamo nella certezza che la somma di denaro che possediamo *oggi* ci assicurerà *domani* contro il rischio di morire di fame o contro l'invasione del nostro spazio vitale.

Convinzione quanto mai strana, se rapportata all'evidente inutilità ai fini della sopravvivenza del denaro senza una società che lo accetti universalmente, ma che è diffusa ovunque e radicata come un dogma.

E' questa la ragione essenziale per cui ritengo necessario legare indissolubilmente ogni discorso sul rovesciamento dell'accumulazione monetaria al Reddito di Cittadinanza.

Senza un diverso concetto di sicurezza, non si esce dall'economia dell'accumulazione. I Titan, quindi, sono pensati espressamente come uno strumento finanziario proprio di un'economia del consumo e adatto a garantire la distribuzione di Reddito di Cittadinanza.

---

a costruire un mondo chiuso, mentre quello sferico, in quanto illimitato, è aperto per definizione.

[59]   Gli uomini che riuscirono nell'impresa di rovesciare questo paradigma costruirono quelle che Hakim Bey chiamò le TAZ le Zone di Autonomia Temporanea, aree in cui la vita scorreva liberata dalla logica del tempo e dello spazio del potere.

I Titan implicano l'idea che il denaro non abbia alcun valore in sé, se non come puro mezzo per favorire gli scambi e la creazione di ricchezza.

Essi implicano anche che neppure le cose abbiano alcun valore in sé se non in relazione con le persone che le usano.

Ovviamente, questa mancanza di valore intrinseco si estende anche ai prodotti immateriali. Questo non significa che le cose, materiali o immateriali che siano, non possano avere un prezzo, che si esprime appunto in una misura convenzionale che chiamiamo denaro.

I prezzi stanno ad indicare le relazioni delle cose tra loro e la *misura* degli scambi, non il *valore* delle cose che non esiste in sé ma è sempre riferito agli uomini che quelle cose desiderano[60]. In altri termini, trovo abbastanza soddisfacente, per la determinazione dei prezzi, la teoria marginalista, che appunto riferisce il meccanismo di determinazione dei prezzi al grado di soddisfazione di ciascuno rispetto ai beni che intende acquistare.

Che i prezzi abbiano sempre meno attinenza con un presunto *valore* oggettivo delle cose è evidente dall'andamento assolutamente schizofrenico di essi per molte cose nella nostra società[61].

Nonostante la legge indichi i criteri di determinazione dei valori delle azioni delle società, il loro prezzo esula completamente dai presunti valori determinati a sensi di legge, e questa stessa determinazione oscilla in misura paurosa se consideriamo il margine di incertezza che accompagna le singole valutazioni.

Un immobile, un macchinario, un magazzino assumono un "*valore*" del tutto arbitrario al di fuori del contesto temporale e fisico nel quale sono collocati[62].

---

[60]   Sotto questo profilo la mia critica della moneta è profondamente diversa da quella di Auriti che invece, vede la moneta portatrice di "*Valore indotto*" dalla circolazione. *Valore* di cui si appropria il potere finanziario per mezzo di un'operazione truffaldina malamente nascosta dietro un paravento di legittimità giuridica, e che deve essere restituito alla collettività Perfettamente d'accordo con Auriti su questa parte del suo discorso che condivido in pieno ed ho già più volte esposto nei miei libri. In totale disaccordo per quanto riguarda *il valore*, che come ho scritto più volte, considero inutile e pericoloso.

[61]   Chi può dire con un minimo di ragionevolezza quanto *valgono* effettivamente le azioni della Fiat o quelle della Olivetti? Le valutazioni della borsa dipendono da una legge, che è quella della domanda e dell'offerta, che prescinde quasi del tutto dal patrimonio delle società e persino dai loro risultati concreti.

Lo stesso concetto di debito ha assunto una dimensione diversa nelle valutazioni degli esperti in funzione della sua capacità di sollecitare la produttività dell'unità considerata. D'altra parte il debito in sé è un grande inganno se pensiamo che esso è necessario per gli investimenti e per la crescita delle aziende e che senza questa crescita, ogni impresa è destinata a scomparire.

Nella società dell'accumulazione, il debito è necessario come gli operai, gli impianti e le materie prime sono necessari in una fabbrica.

iv. Produzione e denaro a tempo

Dal punto di vista dei produttori, il denaro a tempo suscita due ordini di obiezioni.

Il primo attiene al fatto che senza l'accumulazione del capitale sarebbe difficile se non impossibile mettere insieme le risorse per gli investimenti.

Il secondo ordine di questioni attiene alla difficoltà di creare profitto, e quindi alla mancanza di motivazioni per gli imprenditori a correre i rischi dell'impresa senza ottenere adeguati benefici.

La prima obiezione presuppone che il capitalismo sia un assoluto. In altri termini, senza l'accumulazione del capitale non sarebbero possibili gli investimenti e quindi le imprese. Abbiamo già visto che non è così, che l'accumulazione monetaria è un caso, tra i tanti che la storia offre, di strumento per l'aggregazione delle risorse necessarie per l'esercizio di un'impresa.

Il capitalismo, consiste proprio nella manifestazione in forma monetaria di una forza per l'aggregazione delle risorse e, in questo

---

62   Da qualche tempo le valutazioni del patrimonio delle società nella pratica aziendale, si fonda più sugli aspetti dinamici dell'azienda e quindi sui flussi di reddito che essa è in grado di determinare, che su presunti valori intrinseci dei cespiti aziendali. La valutazione delle società che producono immateriale, ad esempio, è da questo punto di vista esemplare, poiché esse in genere hanno una scarsa o nulla capitalizzazione, ma ciò nonostante alcune di esse producono notevoli flussi di reddito con una continuità che garantisce l'investitore in misura certamente maggiore di molte aziende di produzione materiale fortemente capitalizzate.

senso, il capitale è realmente metafisico.

Il nostro obiettivo è quello di uscire da questa dimensione metafisica e riportare gli strumenti nell'ambito del mondo della fenomenologia. Come vedremo il tasso negativo consente alle *"Banche del Movimento"* di emettere denaro sotto forma di obbligazioni e di finanziare in questo modo le imprese, sia per la loro nascita che nel corso della loro esistenza.

Insomma, il rovesciamento indotto dall'idea del tasso negativo consiste proprio nel rimettere il sistema con i piedi per terra e restituire alla creatività umana il ruolo preminente di strumento per l'aggregazione delle risorse al fine dell'esercizio dell'impresa.

In questo senso il capitale perde la sua natura metafisica, perché smette di essere l'agente della aggregazione delle risorse, e ritorna sulla terra restituendo agli uomini il loro ruolo di creatori e di trasformatori del mondo.

Questo ruolo è equamente diviso tra il singolo imprenditore e la collettività, ed entrambi devono partecipare alla costruzione del progetto di impresa. Questo non è molto diverso da ciò che accade ora, nel senso che le imprese sono necessariamente molto sensibili ai desideri ed al gusto dei consumatori.

Qui, però, non si tratta di riconoscere ai consumatori un ruolo di silente presenza passiva che hanno attualmente, ma al contrario un ruolo decisamente attivo fino al punto da essere determinante per gli investimenti.

L'intento non è quello di perseguire un'astratta giustizia sociale, ma la ricerca di una maggiore efficienza e soddisfazione per tutti i soggetti sociali.

Il problema dell'economia dell'accumulazione consiste nel fatto che alla ricchezza di qualcuno corrisponde necessariamente la povertà di qualche altro, in genere della maggioranza della popolazione. E poiché l'accumulazione dei beni (*id est* dei capitali) può essere teoricamente illimitata, alla enorme ricchezza di pochi deve corrispondere necessariamente l'enorme povertà di molti.

Però, quello che è inevitabile in un'economia dell'accumulazione, è del tutto insensato in un'economia del consumo, nella quale cioè la ricchezza non coincida con l'accumulazione di beni che di per sé non sono accumulabili, ma con il consumo o la fruizione di essi.

Era insensato accumulare frutti per il raccoglitore e conservarli per vederli marcire, è insensato accumulare capitali che derivano da beni fruibili collettivamente per poi veder deprimere quella stessa produzione.

Il produttore di film o software, e in generale il produttore di immateriale, come abbiamo già visto, non può accumulare il proprio prodotto, ma deve distribuirlo tra il maggior numero di persone, a differenza del produttore di acciaio o di petrolio che si trova perfettamente a suo agio nella logica dell'accumulazione.

Il produttore di immateriale, per perseguire il proprio interesse, deve avere un comportamento di fatto solidale, anche se le sue intenzioni sono agli antipodi della solidarietà. Il produttore di acciaio e di petrolio, continuerà a costruire silos dove stivare il suo prodotto proprio come i *principi-contadini* costruivano silos per stivarvi il grano e gestire attraverso la gestione dei depositi il potere sui propri sudditi.

Sono convinto che l'unico modo per costruire una società migliore, sia quello di perseguire allo stesso tempo efficienza e solidarietà attraverso il coinvolgimento di tutti i suoi membri.

Questo coinvolgimento, però, non deve e non può fondarsi sul volontarismo o sul sacrificio di spazi personali di libertà o di disponibilità. In questo caso, il sistema non potrebbe sostenere l'inevitabile usura della volontà che gli stessi fondatori finirebbero per subire.

Il coinvolgimento deve fondarsi sulla convinzione che un comportamento solidale è più conveniente di un comportamento egoistico. La teoria dei giochi ha dato una dimostrazione abbastanza convincente di questo assunto: la cooperazione tra i soggetti è certamente un comportamento più *"utile"* della non cooperazione[63].

---

[63] La dimostrazione di questo assunto è stata fornita da Robert Axelrod negli anni ottanta, e ripresa in tempi più recenti da Martin A. Novak. La dimostrazione si basa sul dilemma del prigioniero ed arriva alla conclusione che, in una situazione in cui il gioco abbia infinite iterazioni, la strategia vincente sarà quella della cooperazione, adottando *"tit for tat"* ovvero il rispondere ad un tradimento con un tradimento. Avendo questa possibilità di riserva, il comportamento adottato sarà quello della collaborazione che a sua volta aumenterà la fiducia e spingerà verso ulteriori collaborazioni. Che un comportamento collaborativi e solidale sia più utile ai fini egoistici di un comportamento grettamente egoistico, è noto da tempo alle religioni. L'interpretazione di questo principio era, però, che l'altruismo fosse fine a sé stesso e dettato da ragioni di ordine superiore e

Sullo stesso principio, come abbiamo visto, si fonda l'open source.

Se dobbiamo costruire strutture, dunque, esse devono essere pensate in modo che nel loro funzionamento sia di immediata evidenza, per la nostra capacità di percezione, la maggiore utilità del comportamento solidale rispetto a quello egoistico.

Per quanto concerne la partecipazione alle decisioni sull'avvio di un'impresa, già oggi, di fatto, qualsiasi impresa deve avere un mercato per poter aspirare a qualche possibilità di successo. Il mercato, da questo punto di vista, rappresenta la adesione acritica di un numero congruo di persone agli obiettivi dell'impresa e la gradevolezza del prodotto che sarà immesso sul mercato.

L'idea è di rendere tutto ciò più efficiente, sollecitando la consapevolezza dei consumatori, insomma di addivenire ad una partecipazione critica e consapevole dei consumatori ai fattori che determinano il mercato. Indirizzando le scelte di produzione, le persone determinano la direzione e la qualità di elementi importanti della propria esistenza.

Insomma, dopo il RdC, che è lo strumento della ridistribuzione minima per la garanzia dell'esistenza di tutti, la partecipazione consapevole alle decisioni del mercato comporta un ulteriore passo avanti sulla via della consapevolezza di sé.

E questo comporta, certamente, una maggiore equità sociale, se consideriamo che l'esclusione dalle decisioni e l'ignoranza sono elementi importanti nella determinazione di ingiustizia sociale.

Oltretutto, questo finisce per intaccare una delle principali fonti dell'egoismo del mercato, poiché per quanto le imprese siano indirizzate al profitto ed alla competizione, la decisione collettiva sulla produzione necessariamente terrà conto di un interesse ed una visione più generale di quella che possa essere alla portata di un Consiglio d'Amministrazione o di un'assemblea di azionisti.

Anche se la collettività che assume la decisione non è che una

---

non da una scelta egoistica, il che, peraltro, la rendeva difficilmente praticata e certamente poco appetibile. L'asseverazione di questo principio da parte della scienza, ha chiarito questo punto. In particolare, Dawking ha dimostrato che i comportamenti altruistici verso i propri simili, e a maggior ragione, verso i propri discendenti, sono dettati dalla pulsione egoistica dei geni che hanno l'obiettivo di perpetuarsi in quella discendenza. Senza di essa, i geni morirebbero. La perpetuazione della specie, una forma scientifica dell'idea dell'immortalità dell'anima, è la fonte egoistica dell'altruismo.

frazione minima di quella in cui il prodotto andrà ad interagire, il grado di rappresentatività delle diverse posizioni al momento di assumere la decisione sarà comunque un derivato degli interessi globali della collettività.

v. **Consumo, risparmio e denaro a tempo**

Dal punto di vista dei consumatori, il denaro a tempo rappresenta un problema solo dal punto di vista della sicurezza, poiché con esso il risparmio ne risulta penalizzato. Ma proviamo a ragionare. Intanto, come sappiamo, il risparmio come motore degli investimenti è divenuto da tempo una chimera. Per la maggior parte della gente il risparmio stesso è divenuto pressoché irrealizzabile, date le difficoltà di avere un lavoro stabile, l'incertezza sui costi della vita, la difficoltà di ogni mese di mettere da parte *qualcosa per domani.*

L'unica maniera per affrontare il problema della sicurezza dal punto di vista monetario è, come abbiamo visto, il Reddito di Cittadinanza, che sappiamo essere strettamente connesso alla istituzione del tasso negativo.

Sul piano della disponibilità di beni materiali, il tasso negativo favorisce un consumo ragionevole e una tesaurizzazione sensata. La costruzione delle case, ad esempio, sarà molto meno costosa e alla portata di tutti, così come l'acquisto di mobili e delle altre cose che sono usuali.

L'armonizzazione tra domanda e offerta di beni, che comporta l'adozione del tasso negativo da parte di una comunità, rende disponibili quantità *sufficienti* di prodotto in ogni momento storico. Nella misura in cui l'interiorizzazione della sicurezza che discende dal Reddito di Cittadinanza è in grado di allontanare i fantasmi della paura, la stessa accumulazione di beni materiali diventerà ragionevole, poiché non ci sarà alcuna necessità di produrre per accumulare.

Il fine della produzione, soprattutto relativamente ai beni immateriali, diventerà la realizzazione che ciascuno potrà cercare nella creatività del lavoro. Lo stesso risparmio individuale sarà modulato sulla sicurezza di disporre di mezzi liquidi per affrontare un'evenienza improvvisa, ma con riferimento al RdC che sarà erogato dalla società. C'è da considerare che con un RdC di 6.000 € l'anno, e un tasso negativo medio del 5%, il possesso di un capitale monetario costante di 120.000 € pareggia le entrate da RdC.

Chi non dispone di riserve di denaro liquido e vive di RdC e stipendio o altri proventi da lavoro, non si accorge nemmeno dell'incidenza del tasso negativo sui suoi soldi. La gestione del RdC sarà fatta elettronicamente, e quindi il prelievo sui conti sarà effettuato con cadenza almeno settimanale sui c/c dei soci. Il livello del prelievo è di circa lo 0,09% alla settimana, che significa che su un deposito medio di mille euro il prelievo è di 90 centesimi alla settimana. Praticamente irrilevante per chiunque.

E' possibile che per sfuggire al prelievo, qualcuno possa pensare di tornare al baratto e di non utilizzare i Titan come mezzo di pagamento? Forse sì, relativamente ad alcune operazioni particolari nelle quali il *"valore"* dei beni da scambiare sia straordinariamente coincidente. Ma a parte che questo è escluso per le spese di tutti i giorni, relativamente alle quali è irragionevole pensare che si possa andare in giro a proporre scambi di beni, il rischio del baratto su transazioni di grosse dimensioni è che si debba sacrificare una parte consistente del valore del bene per il solo gusto di non essere assoggettati ad un prelievo automatico di minime dimensioni.

Faccio un esempio. Chi deve comprare una casa ed ha stanziato per questa evenienza una somma consistente, mettiamo 300.000 €, rischia di perdere in un anno il 5% sulla somma, ovvero 15.000 € meno quello che prende a titolo di RdC vale adire 6.000 €. Per evitare il prelievo in attesa di trovare l'immobile che fa al caso suo, potrebbe trasformare il denaro in un altro immobile qualunque da permutare con quello che intende acquistare nel momento in cui avrà le idee più chiare. Rischia, però, di non trovare un venditore disposto a prendere in permuta proprio quell'immobile che lui ha frettolosamente acquistato allo scopo di sfuggire al tasso negativo, oppure di trovarne uno che svaluti il suo acquisto di una percentuale superiore al 5%.

Insomma, rischia fortemente di rimetterci sull'acquisto. Di fatto, quindi, la via del baratto è impraticabile. A maggior ragione questo ragionamento vale per le grandi transazioni, tipo l'acquisto di un palazzo da tre o trenta milioni di euro, o l'acquisto di materie prime da rivendere ai produttori. Il rischio anche lì di un deprezzamento del bene acquistato è superiore al deperimento dovuto al tasso negativo, di cui l'operatore può tenere conto nella determinazione finale del prezzo assumendosi il rischio abituale dell'operazione commerciale.

Com'è noto gli operatori tendono a minimizzare il rischio, non certo ad esaltarlo, e quindi tutti preferiranno utilizzare il mezzo di pagamento usuale piuttosto che rischiare di rimetterci anche su quello. Semmai, come accade già ora, per le transazioni con l'estero, gli operatori cercheranno di assicurarsi contro il rischio di cambio, che terrà a sua volta conto del deperimento da tasso negativo.

vi. Il capitale sociale

C'è un'ulteriore ragione per cui è necessario ed utile che la collettività partecipi alle decisioni sulla costituzione delle imprese e sui loro prodotti, ed è il fatto che il capitale monetario che viene emesso per costruire l'impresa è giustificato˙ dalla capacità produttiva e di consumo della collettività. In altri termini, considero che la proprietà del capitale monetario in una FAZ sia della collettività, almeno per la parte che rappresenta la capacità collettiva di generare le risorse necessarie per l'esercizio dell'impresa.

Friedrich Hayek, economista austriaco nobel nel 1972, scrisse che l'unica definizione adeguata di "*capitale azionario*" posseduto da una società, è una lista completa dei flussi di reddito che, nel corso del tempo, le risorse della società possono generare[64]. In altri termini, il capitale può essere definito solo dai suoi effetti e non in

---

[64]   "*Il dato usualmente detto "riserva di capitale", si può quindi descrivere in maniera adeguata soltanto in termini della totalità di tutti i flussi di reddito tra i quali l'esistenza di un certo capitale azionario di risorse non permanenti (insieme all'andamento previsto delle entrate) ci consente di scegliere. [...] Ciascuna delle parti costituenti tale capitale può essere usata in modi diversi e in combinazioni diverse insieme ad altre risorse permanenti, per produrre flussi temporanei di reddito. [...] Ciò che si sacrifica per ottenere un flusso di reddito di una particolare forma sono sempre le parti dei flussi di reddito potenziali di altre forme temporali che si sarebbero potute avere in alternativa. Pertanto, l'unica descrizione adeguata della "riserva di capitale" è un'enumerazione completa della gamma dei possibili flussi in uscita di diversa forma temporale che si possono produrre con le risorse esistenti*".   F. Hayek brani scelti, 1942, 1971, citato da F. Tipler, *Fisica dell'immortalità*, Mondadori, Mi 1994 pag. 256.

sé.

Il fisico Frank Tipler, citando questa definizione di Hayek, osserva che, in altri termini, questo comporta che il patrimonio di una società consiste nelle opportunità che i membri della società stessa hanno a disposizione. Insomma, noi viviamo meglio dei nostri antenati perché abbiamo più opportunità di loro e questo, tra l'altro, aumenta il nostro (della società) grado di libertà. Nessuno dei nostri antenati avrebbe potuto comunicare in tempo reale con l'altro capo del mondo (tramite internet) né spostarsi tra Parigi e New York in poche ore (in aereo).

Tipler deduce da questa considerazione che la questione della limitatezza delle risorse è un falso problema, tramite una interessante dimostrazione matematica[65].

In termini generali, non esiste impresa che possa funzionare senza essere inserita in un contesto sociale. Non solo perché il prodotto di ogni impresa deve avere come destinatario la collettività (che questa sia rappresentata da un pubblico indistinto, da un ente pubblico o da altre società private che utilizzano il semilavorato non ha importanza), ma soprattutto perché in una società della divisione del lavoro, senza la collaborazione è impossibile produrre alcunché. Le imprese devono quindi riconoscere alla collettività la sua capacità di aver generato quella cultura che ha consentito all'iniziativa più innovativa di esistere e di impiantarsi effettivamente.

Qui è necessario chiarire che la proprietà collettiva del capitale non comporta che l'uso di esso debba essere necessariamente pubblico. Comporta semmai che l'uso del capitale deve remunerare la collettività che da questo punto di vista, rappresenta uno dei fattori di produzione.

A differenza del collettivismo forzato e centralista, ritengo che l'uso del capitale sociale debba essere prevalentemente privato, nel senso che esso deve essere affidato in mano ai privati, e che questi,

---

[65]   *"Per definizione, il numero di disposizioni possibili che si possono codificare con I bit di informazione è 2^I. Se, in accordo con Hayek, si identifica il patrimonio totale con il numero delle disposizioni possibili, si ottiene 2^I per il patrimonio della società, il quale cresce, quindi, come 2^(tempo soggettivo); si tratta di una crescita esponenziale. Poiché il tempo soggettivo va da zero a più infinito, ciò significa che il patrimonio cresce in eterno in maniera esponenziale nel tempo soggettivo."* F. Tipler, *op. cit.* ibidem.

dopo averlo adoperato per la costruzione dell'impresa, siano tenuti a restituirlo alla collettività con una remunerazione sufficiente.

In una società in cui le emissioni monetarie sono gestite secondo la logica del tasso negativo, definiamo capitale sociale ogni emissione di denaro. Come abbiamo visto, queste emissioni sono possibili a fronte di un progetto di creazione di ricchezza, fatto che dà origine alla costituzione di un'impresa. La ragione per cui le imprese sono tenute a restituire il capitale ricevuto, si trova proprio nel fatto che questo capitale non appartiene all'impresa né all'imprenditore, ma alla collettività, almeno per la parte rappresentata dall'emissione iniziale nonché per gli ulteriori finanziamenti che l'impresa dovesse richiedere nel corso della sua esistenza.

Nel sistema attuale, questa quota di capitale viene restituita alle banche che l'hanno emessa e serve a redimere il debito, il che comporta la riduzione della massa monetaria nella misura in cui il prestito è restituito.

Gli interessi parimenti pagati dall'impresa, al contrario, sono utilizzati dalla banca per remunerare il fattore capitale (in genere sé stessa) che, come sappiamo è nelle mani di privati.

Insomma, per l'impresa non cambia nulla se non che la proprietà collettiva del capitale comporta un costo decisamente inferiore del capitale stesso e quindi una riduzione degli oneri finanziari nella gestione dell'impresa.

Inoltre, la partecipazione della collettività alla costruzione dell'impresa consente a questa di conoscere sin dall'inizio con una certa precisione il tipo di accoglimento che avrà il suo prodotto nella collettività, e quindi di determinare con maggior precisione di adesso la quantità e la qualità della produzione.

In linea del tutto teorica è più difficile per un imprenditore disporre di capitali propri per l'esercizio dell'impresa, poiché il tasso negativo rende difficoltosa l'accumulazione di ingenti somme. Ma questo è in realtà un caso di scuola che si verifica raramente. In genere, infatti, gli imprenditori rischiano solo in minima parte il proprio capitale e si avvalgono di capitali di terzi, procurandoselo o in banca o in borsa oppure presso privati.

Nella pratica, le piccole imprese che hanno poco credito in banca e non sono sufficientemente grandi per accedere in borsa, si finanziano tramite la fiducia che i fornitori hanno nei confronti dell'imprenditore, dilazionando il pagamento delle forniture e creando così un *"castelletto"* di titoli che di fatto diventa un fido simile a quelli bancari. Emettendo titoli di pagamento scaglionati nel tempo, di fatto molti imprenditori emettono denaro che ha la caratteristica di essere assoggettato al rischio di impresa né più né meno che i titoli azionari quotati in borsa (che però, almeno, qualche controllo sulla correttezza della loro gestione ce l'hanno).

Insomma gli imprenditori solo raramente usano capitali propri per l'esercizio e l'impianto dell'impresa.

Il tasso negativo ha l'ulteriore effetto di ridurre il rischio di insolvenza su questa emissione di denaro, per la semplice ragione che viene meno la necessità di emetterli se la collettività finanzia tutti i costi di impianto e di esercizio a un tasso che è per definizione identico a quello che potrebbe praticare un qualunque fornitore.

E' chiaro che i fornitori dotati di solidità finanziaria possono avere interesse a prendere titoli dilazionati per non trovarsi con liquidità assoggettata al tasso negativo. Allo stesso tempo, però, l'impresa che ha necessità di liquidità, la ottiene rivolgendosi alla BdM con maggiore facilità che non se si rivolgesse a privati. Insomma, non c'è ragione per cui ci si debba rivolgere a privati invece che alla BdM per ottenere liquidità.

Inoltre, come vedremo, il tasso negativo consente una gestione completamente elettronica dei conti, il che comporta qualche difficoltà nella emissione di titoli di pagamento se non utilizzando cambiali che però sono gravate da costi che ne rendono meno appetibile l'uso.

In altri termini, il credito privato con il tasso negativo perde la sua funzione di motore dell'investimento e della produzione e tende a scomparire.

Da un altro punto di vista, la proprietà sociale del capitale determina un sistema completamente diverso da quello in cui alla proprietà collettiva dei mezzi di produzione si accompagna una pianificazione centralizzata della produzione e del consumo.

L'uso del capitale collettivo, infatti, come ho già detto più volte, è prevalentemente destinato a finanziare iniziative private proposte da imprenditori, cooperative, gruppi di ogni specie e natura. Nella gestione centralizzata, invece, le decisioni sulla produzione, insomma, le iniziative imprenditoriali, sono assunte dalle varie sezioni in cui è articolata la gestione dell'economia, secondo criteri che sono per lo più politici e non imprenditoriali.

Il sistema dei Titan non elimina il profitto e l'economicità come criteri di gestione dell'impresa, poiché se un'impresa non è in grado di restituire il capitale ricevuto dalla collettività chiude la propria attività. Essa, quindi, deve essere gestita secondo criteri economici.

Questo comporta che ci saranno persone che diventeranno più ricche di altre poiché sapranno mettere a frutto meglio di altri la propria capacità organizzativa dei fattori di produzione e ricavare un profitto maggiore dall'esercizio dell'impresa, né più e né meno di quanto avvenga oggi.

Rispetto al sistema attuale, però, ci sono differenze notevolissime, sia per il fatto che questo sistema supporta e si fonda in parte sulla distribuzione di RdC, il che comporta la garanzia della vita per tutti i membri della società, sia perché la collettività entra in maniera determinante nelle scelte di produzione e di consumo, sia perché, infine, l'accumulazione monetaria cessa di essere uno strumento di potere.

In linea di principio non ritengo *"ingiusto"* che ci siano persone che vogliano arricchirsi più di altre, purché questo non comporti né il venire meno della garanzia dell'esistenza per tutti, né che questa ricchezza sia usata a fini di potere secondo la logica dell'accumulazione monetaria.

Peraltro, in una società in cui tutti hanno un Reddito di Cittadinanza, e quindi la garanzia della sopravvivenza, la remunerazione del fattore di produzione lavoro sarà presumibilmente più elevata che in una società in cui questa garanzia sia assente.

Con il RdC, infatti, viene meno la principale arma di ricatto del capitalismo nei confronti dei lavoratori, appunto che sia il lavoro a garantirgli l'esistenza. Un lavoro qualsiasi e a qualunque prezzo purché sufficiente ad assicurare la sopravvivenza, un lavoro necessario perché altrimenti non si vive.

Il RdC fa sì che ciascuno possa scegliersi il proprio lavoro, e allora la sua partecipazione all'impresa sarà prevalentemente determinata da ragioni ideali. Tutti avranno la possibilità di cercare un lavoro adatto alle proprie capacità ed aspirazioni, poiché dal lavoro non verrà più la garanzia della sopravvivenza ma la crescita e la soddisfazione personale.

Se dietro queste ragioni ci sono, però, motivazioni di carattere economico, è ovvio che l'accettazione di un lavoro sarà subordinata ad una remunerazione adeguata, visto che la garanzia della sopravvivenza e di una vita dignitosa è già assicurata dal RdC.

Come ho già dimostrato altrove[66], il RdC presumibilmente comporta un innalzamento delle retribuzioni, mentre il sistema attuale di previdenza sociale sta determinando una riduzione del salario reale, proprio per effetto del timore generato nell'animo della gente dall'insicurezza del posto di lavoro.

Il RdC, per questo verso, ha anche l'effetto di ridurre i costi sociali del lavoro, che sono rappresentati essenzialmente dallo stress generato dall'insicurezza e dalla competitività forzata al fine non del proprio prestigio sociale ma della sopravvivenza.

vii. Titan, Banca del Movimento e FAZ

Nel mio ultimo libro *"Per un'economia dal volto umano"* ho avanzato l'idea che gli enti locali, Comuni, Regioni e Province, potessero utilizzare i titoli di debito, con cui lo Stato li sta indebitando dopo aver raggiunto il tetto del proprio indebitamento, per effettuare delle emissioni affatto diverse nella logica del tasso negativo. Ovviamente queste emissioni non possono essere collocate al pubblico come quelle che portano un tasso positivo. Ma la loro funzione non è quella di dare un interesse e rastrellare risparmio, anche perché il risparmio non c'è più.

L'idea è quella di emettere degli strumenti finanziari che non creino debito e non generino interessi.

---

[66]   Cfr. il mio *Un Milione al mese a tutti: subito!* Malatempora, op. cit.

I Titan sono dei titoli finanziari destinati ad essere spesi e il più velocemente possibile, proprio per non pagare l'interesse negativo dal quale sono gravati. Nella proposta dei Titan ipotizzavo che essi fossero emessi da un ente locale, come un Comune, una Provincia, una Regione, per finanziare iniziative di creazione di ricchezza. Essi però, possono anche essere emessi da un'associazione privata, e facevo l'esempio dei centri sociali, di cui alcuni svolgono attività di un qualche rilievo economico.

Le società di capitali possono emettere obbligazioni secondo regole tecniche previste dalla legge. Se queste obbligazioni fossero gravate da un tasso negativo, esse funzionerebbero né più e né meno come i Titan. Ovviamente la loro emissione ha necessità di due presupposti: il primo che ci sia un numero sufficiente di persone che li accetti in pagamento di prestazioni o altri beni, e il secondo che esse vengano emesse a fronte della creazione di ricchezza che le giustifichi.

E' necessario un contesto sufficientemente ampio per giustificare emissioni continue di titoli di questo genere, poiché solo così si possono recuperare la quantità e la qualità di beni e di servizi necessari a chiunque per vivere. Infine, in un ambiente ristretto è pressoché impossibile ricostruire un'intera filiera economica, vale a dire un processo di produzione che comprenda tutte o quasi le fasi di lavorazione di un prodotto e quindi la circolazione dei titoli sarebbe gravemente limitata da questo problema.

La soluzione è, quindi, di avere un numero iniziale congruo di partecipanti, una o più filiere di produzione, un istituto di emissione, ed un criterio di distribuzione razionale ed equo. Non è semplice ottenere queste condizioni, ma è certamente possibile, poiché *queste risorse già ci sono* nel movimento. Se poi i titoli emessi fossero convertibili dall'istituto di emissione, allora il problema principale sarebbe risolto. Insomma, con questi titoli ci si potrebbe comprare la casa e il cappuccino al bar. Essi potrebbero esser spesi in pratica ovunque, soprattutto dopo un certo tempo dalla loro entrata in circolazione.

Faccio un esempio di come potrebbe funzionare il meccanismo, partendo dalla fine, ovvero dai suoi effetti.

Che ne pensate di una società i cui soci ricevono dalla collettività, ogni mese, una somma sufficiente per poter vivere, comprando nella società quanto è necessario a prezzi ragionevoli? In cui ciascuno possa dedicarsi a fare quello che ritiene più adatto alle proprie capacità, senza doversi preoccupare se produce soldi o meno, perché comunque ha da vivere e perché comunque, quello che fa è considerato "*ricchezza*"?

E se vi viene il dubbio che le imprese possano non avere interesse a partecipare ad una simile iniziativa, vi espongo subito il ragionamento da fare ad un negoziante qualsiasi, mettiamo il gestore di un supermercato (che è necessario che ci siano anche loro, poiché è lì che si va a fare la spesa).

"*Caro gestore, se ti mando 10.000 persone che mensilmente fanno la spesa da te, che sconto gli fai sulla spesa che essi fanno?*". Vedrete i suoi occhi illuminarsi e la mente effettuare rapidamente calcoli su quanto fatturato gli possono portare 10.000 persone. Si tratta di un sacco di soldi. Se poi gli dite che lo sconto consiste nel fatto che alla fine dell'anno sui titoli che riceve in pagamento e che restano nelle sue casse deve pagare il 5% (o l'uno per mille alla settimana il che è lo stesso), lo vedrete sorridere a trentadue denti. Perché di fatto, dato il cash flow di un supermercato, se pure alla fine dell'anno esso dovesse essere gravato dell'intero importo del tasso negativo, quel 5% sarebbe inferiore allo 0,5%. Negli esprimenti con denaro a data effettuati in passato, si è constatato che la velocità di circolazione è di circa 46 volte nel corso dell'anno, mentre il denaro normale girava non più di 5 volte.

Però è necessario che il gestore del supermercato, poi, possa andare a spendere quei titoli per comprare le cose che vi vende, altrimenti egli avrebbe una perdita secca. E a loro volta, i suoi fornitori dovranno poter spendere quei titoli presso i propri fornitori, altrimenti la perdita ricadrebbe su di loro. Questa è una filiera e noi possiamo ricostruirne alcune e poi attirare le altre nel nuovo sistema. Per una ragione semplicissima. Il sistema economico soffre di sovrapproduzione, e questo già di per sé comporta una perdita secca per gli operatori. E allora gli si pone l'interrogativo: Accettare i titoli ed il rischio che questi comportano (e cioè il fatto di dover impiegare un certo tempo per spenderli) oppure subire passivamente una perdita certa perché non si riesce a vendere i prodotti, fino al punto da dover chiudere lo stabilimento?

I produttori, in questo contesto, hanno interesse ad entrare in un nuovo sistema di distribuzione della ricchezza, che gli consente anche di accedere a fonti di finanziamento che non hanno costi propri. Quindi dopo aver fatto bene i propri conti, correranno nel sistema. Non ci interessa la ragione per cui lo faranno, ma il fatto che lo faranno.

Sembra un sogno, e invece è possibile, e oggi, subito. **Perché tutto quello che noi facciamo è ricchezza, e non solo quello che produce profitto**. Ed in questa considerazione consiste la rivoluzione prossima ventura. Ma se è ricchezza, allora è necessario che ogni "*produzione*" sia accompagnata da un numerario che ne consenta lo scambio e l'acquisto. E questo è l'altro punto della rivoluzione. Vediamo come dovrebbe funzionare la società che emette i titan e che chiamiamo Banca del Movimento, e l'economia che essa può andare a generare che chiamiamo FAZ.

VI. LA BANCA DEL MOVIMENTO

i. Premessa

Abbiamo visto che i Titan possono essere emessi da strutture pubbliche e private. Per raggiungere l'obiettivo di costruire una FAZ non c'è un modello che prediliga l'uno o l'altro versante. In un certo senso, il meccanismo di costruzione di una FAZ è relativamente neutro, purché le emissioni a tasso negativo siano strettamente correlate al RdC e alla creazione di ricchezza.

Quale che sia l'origine politica di una FAZ, alla fine il suo comportamento sarà identico, poiché è il meccanismo stesso di emissione e di ridistribuzione del reddito tramite il RdC che determina la politica della società.

Come vedremo, la FAZ non è un'istituzione, né tanto meno un'organizzazione di tipo politico. Costruendo una FAZ non vogliamo creare l'antistato né un altro Stato. La FAZ è uno *"spazio"* di autonomia, costituito da rapporti economici, giuridici e sociali, generato da meccanismi prevalentemente automatici, quali il tasso negativo, il reddito di Cittadinanza e le emissioni della Banca del Movimento. In quanto tale essa tende a organizzarsi secondo la logica della partecipazione, però allo stesso tempo, la partecipazione non è né un obbligo né un principio di carattere cogente.

La Banca del Movimento è invece una struttura, e in quanto tale, è un'istituzione. Essa ha quindi una sua forma giuridica che è storicamente determinata dal sistema normativo nel quale viene costituita. In quanto struttura, la BdM corre il rischio di essere istituzionalizzata e di generare logiche di potere e gerarchie interne. Per questa ragione, prevedo per la BdM un meccanismo di funzionamento pressoché automatico che escluda in pratica ogni discrezionalità nel comportamento dei suoi agenti ed ogni burocratizzazione della sua organizzazione.

La logica giuridica cui deve uniformarsi la BdM è descritta nel capitolo 5 in appendice, e la definiamo un *diritto negativo*. Dal punto di vista organizzativo, ciascuna FAZ potrà definirla nel modo che ritiene più opportuno. Come vedremo, ritengo che la FAZ non sia un modello unico di organizzazione poiché non dipende da un'ideologia, né tanto meno ne deve generare. Immagino, quindi, che l'organizzazione concreta di una FAZ in un paese possa essere molto diversa da quella di un altro paese, così come diverse possono essere le motivazioni della gente per aderirvi. Ma, come vedremo, non ha alcuna importanza se l'adesione alla FAZ sia dettata da convinzioni politiche, etiche, da mera convenienza o persino convinzioni religiose, come potrebbe accadere in un paese islamico o in comunità cristiane.

ii. La base della BdM

Ho stimato il numero dei soci iniziali della Banca del Movimento in almeno 10.000 persone. Le filiere di produzione saranno all'inizio essenzialmente aziende di prodotti immateriali, come cd, film, informazione, software, teatro, libri, cultura in genere, insomma tutto quello che passa su internet e dintorni. Possono però, anche essere aziende agricole, penso a quelle del commercio equo e solidale, artigiane dello stesso circuito, aziende di grande distribuzione ed imprese che abbiano problemi di sovrapproduzione, che poi sono la maggioranza visto che il problema della crisi di oggi è proprio quello della sovrapproduzione.

Se queste aziende potessero pagare almeno in parte i propri dipendenti con questi titoli, il problema della conversione sarebbe sostanzialmente risolto. E d'altra parte, se i dipendenti possono andare a comprare con questi titoli merci su internet e presso altre imprese non avrebbero difficoltà ad accettarli. Soprattutto non avrebbero difficoltà se il loro lavoro dovesse essere remunerato in quel modo poiché l'azienda nasce con quel finanziamento.

Con una certa gradualità la BdM potrebbe annoverare tra i propri soci imprese già costituite di ogni settore della produzione, rivolgendosi soprattutto a quelle imprese che hanno problemi di sovrapproduzione e di smaltimento delle scorte che hanno tutto l'interesse a partecipare ad una organizzazione in cui possono riprendere la propria produzione a tutto ritmo.

Nel frattempo, la stessa BdM finanzierebbe la nascita di nuove imprese di produzione, dapprima nell'immateriale e poi anche nella produzione materiale.

E' di estrema importanza che la produzione interna della FAZ, sia in grado di soddisfare una percentuale significativa delle necessità di vita dei suoi membri sin dall'inizio. Una FAZ che avesse un ruolo marginale nella vita delle persone non potrebbe raggiungere il suo obiettivo che è quello di generare un nuovo modo di produrre e di vivere. D'altra parte, l'erogazione di una somma a titolo di RdC deve consentire a chi lo percepisce di utilizzare questa somma per coprire una parte significativa delle proprie spese.

Facendo un calcolo approssimativo, considerato che secondo l'ISTAT le spese per la casa coprono il 50% del reddito, quelle per l'alimentazione il 30% e le varie il residuo 20%, sarebbe sufficiente garantire l'alimentazione e parte delle varie (in cui sono comprese le spese per il tempo libero e gli svaghi), per raggiungere la percentuale del 40% del totale delle spese necessarie per vivere. La presenza nella FAZ di artigiani per le spese della casa e di imprese di produzioni di suppellettili per la casa, comporterebbe la copertura di almeno un altro 10% di tali spese. L'obiettivo sarebbe quello di arrivare in un tempo relativamente breve a coprire anche le spese della casa (affitto o rate di acquisto) il che comporterebbe la copertura di un ulteriore 30% di costi. In pratica, resterebbero fuori solo le spese per l'energia (corrente elettrica e benzina) e per le comunicazioni (telefono e internet) finché anche queste non possano essere erogate da imprese costituite o aderenti alla FAZ.

Infine, è necessario che in una prima fase la composizione dei soci della BdM sia in qualche modo equilibrata. Mi spiego meglio con un esempio. Una discoteca è un luogo che funziona diciamo con cento ballerini e un disk jockey. Se ci mettiamo cento disk jockey e un ballerino, è difficile poterla chiamare una discoteca, poiché nessuno ballerà e tutti litigheranno per far suonare la musica.

La struttura della FAZ ricalca la composizione sociale ed economica della società italiana o comunque di una società industriale avanzata. E'chiaro che nel momento in cui la FAZ dovesse crescere oltre un certo punto critico (mettiamo per ipotesi oltre il milione di aderenti) il problema della composizione sociale interna non si porrebbe più. Ma fino al raggiungimento della massa critica occorrerà che l'assemblea della FAZ controlli le adesioni alla società in modo da evitare, appunto, eccessivi squilibri. C'è da considerare, comunque, che già 10.000 persone sono un numero sufficientemente grande per garantire una composizione relativamente equilibrata della società, e d'altra parte, il fatto che ogni attività umana sia considerata da una FAZ ricchezza garantisce contro un uso eccessivamente restrittivo di questo concetto di equilibrio iniziale nella FAZ.

iii. Le emissioni di Titan

La Banca del Movimento è dal punto di vista giuridico, una società finanziaria o anche una Banca ordinaria, sul tipo di Banca Etica.

Lo strumento tecnico per le emissioni dei titan è il prestito obbligazionario che nelle società di capitali non deve superare il patrimonio netto della società. Poiché però i Titan sono titoli gravati da un tasso negativo che perdono interamente il proprio valore di emissione con il decorso del tempo, la loro incidenza sul patrimonio sociale è zero. In pratica la BdM può effettuare emissioni di Titan a piacimento senza perciò violare alcuna legge.

E' evidente che, però, la BdM non può emettere Titan senza alcun criterio, poiché, dopo breve tempo, si genererebbe un effetto inflattivo nel sistema.

La BdM deve, pertanto, emettere i Titan seguendo un criterio rigido e relativamente automatico.

Il criterio principale di emissione dei Titan è legato al finanziamento di imprese. Per ogni finanziamento erogato ad un'impresa, sia essa di nuova costituzione o già costituita, la BdM deve effettuare un'emissione di Titan dello stesso importo che distribuirà a titolo di RdC.

Inoltre, le somme che le imprese restituiscono alla BdM sui finanziamenti ricevuti, sono parimenti utilizzate per la distribuzione di RdC.

Il limite di queste emissioni è dato inizialmente dal montante di strumenti finanziari attualmente esistente nel sistema.

Calcolando solo la massa monetaria costituita da moneta (a corso legale e bancaria) e da titoli del debito pubblico, questo montante somma a circa 3000 miliardi di euro (equivalenti a circa sei milioni di miliardi delle vecchie lire), e raggiunge i 6000 miliardi di euro se ci aggiungiamo azioni e obbligazioni quotate di società private. Insomma, per ogni cittadino italiano, la massa finanziaria esistente oscilla tra i 50.000 e i 100.000 euro, e arriva a 150.000 se consideriamo anche i titoli derivati e tutti gli altri strumenti finanziari esistenti sul mercato.

La BdM, deve considerare questi importi pro-capite come il limite per le proprie emissioni di titoli in una fase iniziale, e in proporzione all'effettiva incidenza delle emissioni sulle spese necessarie per ciascuno. Insomma, se la BdM è in grado di coprire in media il 40% dei costi di vita, considerando la somma di 50.000 in totale, le emissioni in Titan non potranno superare il 40% di questa somma, vale a dire l'importo di 20.000 Euro da considerare in Titan al tasso di cambio che sarà determinato dal mercato.

Considerando per semplificare un tasso di cambio sulla parità tra euro e Titan, la BdM deve considerare come proprio limite l'erogazione di 20.000 euro per ciascuno dei soci, ovvero di 40.000 euro se per base si prendesse il superiore importo di 100.000 euro che comprende le obbligazioni private e le azioni delle società.

La logica è che i Titan tendono a sostituire gli strumenti finanziari ordinari, che sono destinati alla tesaurizzazione e che verranno quindi scacciati dal mercato, come la moneta *"cattiva"* scaccia quella *"buona"* secondo la legge di *Greesham*.

La giustificazione principale per l'emissione dei Titan, come abbiamo visto, è la creazione di ricchezza, e in questa ricomprendiamo tutte le attività che nascono dallo spirito umano. In quanto tali, la remunerazione principale sarà rappresentata dal RdC, cui si aggiungerà una remunerazione ulteriore che deriverà dal profitto (se l'impresa lo conseguirà) o dall'accumulazione (relativamente a quelle attività cui la logica dell'accumulazione è funzionale).

Superata la fase di avvio della FAZ, la BdM potrà continuare le proprie emissioni anche oltre gli importi che ho orientativamente indicato sopra, purché queste emissioni siano giustificate dalla creazione di ricchezza e non generino inflazione nei prezzi all'interno della FAZ.

Questa valutazione comporta un giudizio di tipo tecnico-politico e quindi un potere. Le decisioni in tal senso della FAZ dovranno, quindi, essere assunte dall'assemblea dei soci della FAZ e supportate a livello tecnico dagli organi della BdM.

A questo proposito è necessario tenere presente che una quantità eccessiva di emissioni di Titan può comportare gravi problemi di inflazione all'interno della FAZ. Nell'ipotesi in cui il movimento delle FAZ si estendesse, questo problema sarebbe molto più ridotto se la maggior parte di esse adottasse criteri rigorosi per le emissioni e solo alcune si comportassero fuori dalle regole. In questo caso, come avviene oggi per le monete, i costi di comportamenti non adeguati di alcuni andrebbero a discapito di tutti.

In pratica, poiché ogni FAZ avrebbe la propria struttura di emissione, occorre cautelarsi contro il rischio che un gruppo di persone, estranee allo spirito vero della FAZ si metta a stampare Titan con i quali inondare le altre FAZ. La stessa operazione potrebbe essere tentata da strutture che avessero interesse a far fallire l'iniziativa. Per questa ragione è necessario che i Titan abbiano un "*rating*" né più e né meno di tutte le altre obbligazioni, che ne valutasse l'effettiva rispondenza ai criteri generali di emissione da parte della BdM locale.

Il rating dovrebbe essere emesso da una struttura di collegamento tra le FAZ composta da rappresentanti di tutte le FAZ e munite di poteri di controllo sulla congruità delle emissioni, una sorta di "*Auditor*" interFAZ, che determini la accettabilità dei Titan emessi sulla scorta dei propri accertamenti, ma senza stabilire un vero e proprio tasso di cambio sui Titan che dovrebbero oscillare assieme, per evitare speculazioni tra le aree di produzione. Infatti, si potrebbe anche verificare la convenienza a far calare il tasso di cambio delle proprie emissioni al fine di favorire le "*esportazioni*" dei prodotti di una FAZ verso l'altra, il che contraddirebbe lo spirito e gli obiettivi delle FAZ che, appunto, non devono comportarsi come gli Stati (e quindi adottare politiche economiche o monetarie relativamente alle relazioni con le altre FAZ).

Per la decisione sulle tipologie di investimento, si deve adottare una forma di democrazia diretta con il voto in tempo reale sulle singole iniziative assunte dalla banca di emissione, mentre a livello locale ci penserebbero i soci del posto ad indirizzare le emissioni sulle iniziative più adeguate. Ad esempio, se in un luogo si adottasse un'iniziativa di disinquinamento del territorio, la decisione dovrebbe essere presa a livello locale nella misura indicata dalla banca centrale che deve monitorare la quantità di emissioni periodiche per evitare l'inflazione.

In un lasso di tempo che stimo essere relativamente breve, non appena l'iniziativa dovesse partire, il numero dei partecipanti dovrebbe aumentare in misura geometrica, poiché l'interesse a partecipare sarebbe fortissimo. Non solo interesse ideologico, ma anche e soprattutto interesse concreto, poiché attraverso questo meccanismo si può vivere e bene senza rinunciare a nulla, anzi, migliorando decisamente la qualità della propria vita.

iv. Tecnica e politica

Abbiamo visto che la BdM deve essere un organo tecnico il cui funzionamento è regolato il più possibile in maniera automatica.

Le emissioni dei Titan non possono essere negate o concesse *ad personam*, ma devono tenere conto dei criteri sopra detti, e quindi nessun finanziamento è lasciato alla discrezionalità degli organi della BdM, così come non dipende dalla loro discrezionalità la misura del RdC che sarà erogabile.

Nondimeno, ci sono delle situazioni in cui la BdM si potrà trovare ad assumere delle decisioni di carattere politico. Una di queste è, ad esempio, la decisione sull'importo da considerare come limite per le emissioni, come abbiamo visto sopra. Altra tipologia di decisioni è quella da assumere in caso di un eccesso di insolvenze delle imprese finanziate e quindi di una conseguente riduzione dell'importo del RdC o dell'adozione di criteri diversi per il finanziamento delle iniziative.

Tutte queste decisioni devono essere assunte dall'assemblea dei soci della FAZ, quindi con la partecipazione di tutti i soci mediante una discussione ed un voto elettronico sulle diverse opzioni che si presentano. Ciascun socio avrà il diritto di formulare una propria opzione relativamente ad un problema e chiedere che su di essa l'assemblea si esprima con il voto.

Sarà necessario adottare per queste decisioni il criterio della prevalenza della maggioranza dei voti, poiché non è possibile cercare l'unanimità relativamente a questioni che potrebbero presentarsi con una certa urgenza. Ad esempio, l'organo di controllo delle FAZ potrebbe rilevare una pressione sui prezzi dei prodotti FAZ dovuta ad un eccesso di emissioni e questo potrebbe indurre la BdM a ridurre la massa monetaria sospendendo le emissioni e abbassando il tetto prestabilito. E' chiaro che una decisione del genere assume carattere di relativa urgenza e priorità e che deve essere decisa entro un lasso di tempo ragionevolmente breve, semmai prestabilito dallo stesso organo di controllo al fine di evitare conseguenze spiacevoli sull'economia della comunità.

Per questa ragione, la discussione ed il voto elettronico sono lo strumento privilegiato e sarà necessario anche che la decisione sia assunta dalla maggioranza della comunità. C'è da notare che un'eccessiva pressione sui prezzi potrebbe far cadere il rating dei Titan emessi dalla comunità e provocare la loro inconvertibilità sia nelle monete che nei Titan emessi dalle altre FAZ. Insomma, la comunità deve essere messa in condizione di poter decidere sul da farsi su mozioni provenienti da chiunque voglia presentarla al fine di assumere la decisione giudicata migliore in quel momento.

v. Il funzionamento della BdM

La costituzione della BdM comporta in pratica la costituzione di una società di capitali di cui siano soci tutti coloro che aderiscono alla società I soci della BdM sono anche soci della FAZ.

La società di capitali funge da finanziaria o da banca del gruppo. Per ragioni pratiche potrà anche essere necessario costituire due società delle quali una funga da finanziaria agendo da BdM e l'altra da FAZ. Questo sarà necessario se il ruolo della BdM viene assunto da una banca vera e propria, come potrebbe essere Banca Etica o altra banca di credito ordinario che svolga anche attività ordinaria secondo la normativa vigente. In ogni caso, i soci della FAZ devono essere anche soci della Banca, almeno relativamente all'attività di essa quale BdM.

Ciascun socio apre un conto presso la banca dove gli viene accreditata una somma iniziale di 500 euro in titoli a tasso negativo. Questo accredito è gratuito, non comporta alcun versamento da parte dei soci. Il solo fatto di partecipare alla società dà diritto di ricevere la somma in questione, in forma di titoli a tasso negativo.

Vi chiederete da dove arrivino queste somme. Esattamente dallo stesso posto dal quale lo Stato (e per esso le Banche) fanno arrivare i soldi con i quali fate la spesa al supermercato. **Con la piccola differenza che mentre quei denari creano debito (e quindi potere), i Titan *non* creano né debito né potere**.

Se avete ancora dubbi sulle ragioni che consentono a BE di emettere questi titoli senza alcuna copertura apparente, vi prego di andare a leggere nei miei libri e in particolare nel capo II del libro *"Dove andrà a finire l'economia dei ricchi"* a pagina 45 e seguenti, dove riporto un esempio di come Krugman spiega la ragione per cui una società chiusa debba emettere denaro senza copertura per poter funzionare. Negli altri libri, trovate considerazioni esaurienti sulla natura del denaro e l'assurdità della sua creazione a debito (assurdità, peraltro, funzionale al potere finanziario).

I Titan emessi da BdM perdono ogni settimana l'uno per mille del loro valore nominale. Ogni nuovo socio che entra riceve la medesima somma. Ogni settimana BdM detrae dai conti l'importo dell'uno per mille che accantona a copertura del finanziamento dei titoli (la cosa in realtà è un poco più complicata poiché il sistema prevede l'emissione di titoli gravati da diversi tassi negativi, che oscillano tra lo 0,2 e il 2 per mille la settimana, a seconda del tipo di iniziativa che viene finanziata).

Mensilmente BdM versa sui conti dei soci la somma che viene determinata a titolo di reddito di cittadinanza secondo i criteri di emissione sopra riportati.

Questa somma equivale all'importo che verrà detratto dai conti a titolo di tasso negativo nonché ad una percentuale che può arrivare fino al 100%, dei finanziamenti fatti per la creazione di nuove imprese.

Come abbiamo visto prima, possiamo supporre che ci siano somme sufficienti per dare a tutti un importo non simbolico a titolo di RdC.

Sarà necessario fare una simulazione del funzionamento della FAZ e della BdM per verificare quale somma effettiva può essere erogata a titolo di RdC. In linea di massima, il sistema economico attuale consente l'erogazione di un importo di 500 euro al mese per ogni cittadino italiano. Di conseguenza, una FAZ che coprisse solo il 40% delle necessità dei suoi soci, potrebbe versare sin da subito a ciascun socio la somma di 200 titan equivalenti euro a testa.

Uno studio più accurato potrebbe determinare la cifra da erogare con maggiore precisione, ma non credo che giungerebbe alla fine a conclusioni diverse da quelle che sto prospettando ora.

In un lasso di tempo relativamente breve la FAZ dovrebbe poter arrivare ad erogare i 500 euro al mese a testa del RdC.

vi. Obblighi dei soci

I soci della BdM si devono impegnare ad utilizzare ed accettare i Titan per i pagamenti delle prestazioni e dei beni che circolano nella FAZ.

Di conseguenza, le imprese li accetteranno per vendere i propri beni, e le persone per i propri servizi ivi comprese le remunerazioni del lavoro. Ovviamente non c'è nessun obbligo di lavorare per imprese della FAZ per poterne essere socio. L'obbligo consiste infatti nel dover accettare i Titan come remunerazione se si esegue un lavoro per una società o un privato che opera all'interno della FAZ ed è socio di essa.

Ma se queste prestazioni non fossero richieste, o se i loro prodotti restassero invenduti, non c'è alcuna ragione perché essi vengano esclusi dall'associazione. La loro presenza come consumatori e fruitori dei prodotti all'interno dell'associazione contribuisce a creare la ricchezza complessiva del gruppo.

Altra questione importante è quella della gestione dei conti in euro. E' presumibile che ad un certo punto del suo sviluppo, la FAZ si avvalga di una struttura bancaria vera e propria, che sia in grado cioè, di operare anche quale banca ordinaria. Una delle ragioni è che è necessario un collegamento con il mondo ufficiale della finanza per la quotazione ed il cambio dei Titan.

Questo non comporta alcun obbligo per i soci di aprire conti in euro con questa banca, però diciamo che sarebbe bene farlo, dato che questo non comporterebbe alcuna conseguenza negativa per i soci, che vedrebbero i propri conti in euro trattati almeno nello stesso modo delle altre banche se non meglio, e che però aiuterebbero molto la BdM che sarebbe in condizione di disporre di una riserva di euro per operare sul cambio.

Deve essere chiaro che il comportamento della BdM è del tutto diverso da quello di una banca ordinaria così come è del tutto diverso il sistema di creazione di moneta.

Insomma, un socio che mettesse il proprio conto in euro presso la BdM (o quella banca presso cui la BdM si appoggia per le proprie operazioni ordinarie) avrebbe un conto in euro trattato come quello delle altre banche e un conto in Titan (che tecnicamente diventa un conto titoli) trattato con il tasso negativo. E' insensato tenere conti a tempo presso la BdM e conti ordinari presso una banca del sistema finanziario.

Trattandosi di strumenti a tasso negativo la natura dei Titan è quella di essere spesi il più velocemente possibile. Anche se qualcuno partecipasse all'associazione senza lavorarci all'interno, il solo fatto che spenda nell'associazione crea ricchezza. E d'altra parte la spesa per consumi è il vero motore dell'economia.

vii. Perché aderire alla BdM?

A parte le motivazioni di ordine politico, etico o religioso che ciascuno coltiva in sé stesso e che lo possono spingere ad aderire alla costruzione di una FAZ e di una BdM, voglio trattare qui l'interesse concreto dei soggetti che possono partecipare all'iniziativa.

Per la Banca o la struttura di tipo bancario che gestisce l'emissione dei titoli, si tratta di coprire i propri costi ed avere gli strumenti per recuperare le risorse necessarie al finanziamento delle iniziative che vengono proposte. Questo può avvenire tramite l'imposizione di un'imposta sulle singole operazioni o sulla gestione dei conti. Ho pensato ad un aggio su tutte le transazioni che avvengono per il suo tramite pari allo 0,1%.

D'altra parte la Banca ha altri proventi dall'attività. Intanto, per le emissioni effettuate per finanziare iniziative di tipo imprenditoriale, essa riceve il capitale in restituzione dall'impresa. Questo capitale va a remunerare i costi del RdC, ma allo stesso tempo una parte di esso potrebbe essere stornata per coprire i costi della Banca che non fossero coperti dal prezzo della gestione dei conti. Inoltre, la Banca può partecipare alle imprese e promuoverne alcune, cosa che può fruttare utili in grado di coprirne parzialmente i costi.

Poiché però essa non dà un interesse per i depositi ma lo trattiene a titolo di tasso negativo, i costi della banca molto contenuti. Il calcolo del tasso negativo può sembrare complicato e lo sarebbe se dovesse essere effettuato a mano, ma gli attuali computer sono in grado di svolgere queste operazioni con estrema precisione e senza alcuna fatica.

La cosa si complicherebbe un poco se, oltre alla gestione *on line* dei conti la Banca dovesse effettuare anche una gestione cartacea dei titoli. La soluzione più semplice, sarebbe quella di legare i due sistemi attraverso delle smart-card che potrebbero consentire ai soci di portarsi il *"contante"* appresso senza dover ricorrere al cartaceo. Ma questo è un problema del *"dopo"*.

E' probabile che i conti in euro ordinari siano utilizzati per la tesaurizzazione dai soci, oltre che per pagare le spese correnti che non è possibile onorare con i Titan. BdM, quindi, si troverà con una riserva in continua crescita di euro poiché molti servizi creati con i Titan saranno pagati nel sistema economico in euro. Questo meccanismo dovrebbe consentire a BdM di convertire Titan in euro senza dover soffrire per mancanza di liquidità.

Ribadisco il concetto che è necessario monitorare in maniera precisa la quantità di titoli che possono essere emessi in un sistema. Leggendo le deduzioni di Krugman di cui parlavo sopra se ne capisce immediatamente la ragione, che riassumo nella considerazione che se in un sistema ci sono troppi strumenti monetari, i prezzi salgono, se sono troppo pochi, i prezzi scendono e le attività economiche si deprimono.

Di quali strumenti può disporre BdM per fare questo controllo?

Per la emissione dei titoli, BdM ha uno strumento di monitoraggio dato dal livello dei prezzi interni. Il tasso negativo dovrebbe escludere deflazione, vale a dire una caduta dei prezzi che comporti una caduta delle attività economiche.

E' quello che sta accadendo adesso: la mancanza di domanda costringe le imprese ad abbassare i prezzi per cercare di mantenere livelli accettabili di produzione, ma per farlo sono costrette a risparmiare sui costi, e quindi tagliano soprattutto il costo del personale. Questo, però, comporta un'ulteriore caduta della domanda effettiva di beni, poiché i licenziati spenderanno di meno sul mercato. L'effetto generale è una caduta di prezzi ed una conseguente riduzione delle attività economiche.

Con il tasso negativo, la caduta dei prezzi segue a risparmi sui costi di produzione per effetto di un incremento della domanda e non della sua caduta. Insomma si dovrebbe risolvere in un beneficio per la gente e per le imprese.

Allo stesso tempo, la riduzione progressiva della massa monetaria con il decorso del tempo, limita anche gli effetti inflattivi, a meno che le emissioni non fossero eccessive rispetto al volume degli scambi. Insomma, l'andamento dei prezzi diventa un indicatore per stabilire il livello delle emissioni successive, la cui crescita dovrebbe essere geometrica, come la crescita della ricchezza complessiva del sistema. Altro strumento di controllo potrebbe essere quello del livello del costo della gestione dei conti, o dell'imposizione di un costo sulle singole transazioni, che provocherebbe una riduzione della velocità di circolazione dei titoli se questa dovesse generare inflazione.

I soci avrebbero la possibilità di trasferire tutte le proprie attività nel sistema e di vivere con i proventi di essa. Ovviamente è necessario che nelle filiere di produzione ci siano aziende che vendano un po' di tutto. E' essenziale che nell'associazione ci siano aziende che vendano alimentare, e penso alle aziende del consumo equo e solidale, ma anche supermercati di tipo tradizionale.

In questo modo, chi sta dentro il sistema può soddisfare i propri consumi e le proprie necessità di lavoro e di espressione all'interno della comunità e avrebbe bisogno di pochissimo per i consumi esterni (che consistono in tasse, energia, e telefonia se non si coinvolge qualche impresa che vende questi prodotti nell'associazione).

Una filiera di produzione è in genere abbastanza complicata. Essa comprende non solo le innumerevoli imprese di produzione, ma anche quelle di stoccaggio, di trasporto, di distribuzione ai vari livelli e di vendita. Insomma, un numero sorprendentemente (per chi non le conosce) elevato di persone e di aziende. Se fino al secolo scorso, il prodotto agricolo aveva necessità di pochissimi addetti tra l'inizio della produzione ed il prodotto finale, oggi essi sono un numero enorme, che svaria dalle aziende di produzione di sementi, a quelle di allevamento e di agricoltura vere e proprie, ai trasporti dei prodotti verso gli stabilimenti, alla lavorazione delle materie prime (grano, soia, mais, zucchero eccetera), alla distribuzione del prodotto confezionato, alle aziende che producono pacchi e pacchetti, a quelle che producono le macchine per confezionare, alle società di marketing, alle aziende di pubblicità, all'immagazzinamento e stoccaggio, che per il *"fresco"* è particolarmente complesso poiché si avvale di frigoriferi, all'energia necessaria per far funzionare tutto ciò, ai telefoni, computer, posta ed altro necessario per le intermediazioni, ai mediatori, eccetera.

Basta riflettere un momento per vedere quante aziende coinvolge anche la filiera più modesta dal punto di vista tecnologico.

La prospettiva dei soci di ricevere RdC per i propri consumi essenziali è indubbiamente attraente. E' chiaro che il tasso negativo non consente di effettuare risparmio in senso tradizionale. Allo stesso tempo, però, si può partecipare come soci, alle iniziative proposte che hanno bisogno di garanzie aggiunte a quelle che i promotori sono in grado di fornire. In quel caso, il capitale investito diventa di nuovo nominale e smette di perdere "*valore*" con il decorso del tempo, trasformandosi in una sorta di risparmio assoggettato al rischio di impresa.

E poi, chi l'ha detto che il risparmio è necessario per vivere? Se si tratta di raccogliere fondi per un'iniziativa, ci si rivolge alla BdM e si formula una proposta, se si tratta di fare i soldi per una vacanza, non sarà certo il 5% all'anno di tasso negativo ad impedircelo.

Le imprese già costituite che partecipano all'associazione hanno il vantaggio di potere smerciare i propri prodotti e far girare velocemente il capitale. Non ha alcuna importanza che esse vogliano ideologicamente abbandonare la logica del profitto, non serve. Esse hanno interesse a partecipare perché l'associazione gli consente di muovere le merci e fare produzione senza subire perdite, anzi guadagnando molto.

Ho messo sopra il ragionamento tipico del negoziante di fronte alla prospettiva di poter moltiplicare il proprio fatturato a fronte di un piccolo sconto sulle merci che vende.

Lo stesso ragionamento vale per le altre imprese che partecipassero all'iniziativa e dopo qualche tempo, molte imprese chiederebbero di entrare nell'associazione per poterne usufruire dei benefici.

Le imprese che sono costituite con i finanziamenti di BdM, avrebbero un grande vantaggio. Infatti esse devono impegnarsi alla restituzione del solo capitale ricevuto e non degli interessi e non sarebbero quindi, costrette alla ricerca del profitto immediato per non morire. Per alcune imprese, inoltre, la restituzione del capitale non sarebbe neppure richiesta, poiché alla fine il capitale di esercizio sarebbe onorato dai membri dell'associazione. Questo porterebbe, però, ad una riduzione della somma a titolo di RdC.

E' possibile che non appena l'iniziativa prenda piede, anche alcuni enti locali territoriali, Comuni o Province, decidano di effettuare emissioni di Titan per le proprie iniziative. Questi titoli potrebbero benissimo circolare insieme a quelli di BdM, ma sarebbe necessario aprire vertenze nei confronti dei Comuni perché adottassero la medesima destinazione a RdC per i proventi che essi avrebbero dall'iniziativa.

viii.La BdM e il sistema finanziario

In ogni caso, per il sistema finanziario sarebbe un colpo terribile. La logica del capitale finanziario è la crescita ininterrotta, e il meccanismo dei Titan sottrae ad esso risorse umane e materiali, ed in misura geometrica. A differenza delle monete alternative, come i Simec, che hanno una circolazione limitata al territorio, la F.A.Z. potrebbe coinvolgere l'intero sistema produttivo nel giro di qualche anno.

E' presumibile che quindi, il potere finanziario reagisca in maniera dura cercando di bloccare l'iniziativa con tutti i mezzi, legali e non. Dal punto di vista giuridico l'operazione è inattaccabile. Il prestito obbligazionario è una figura disciplinata dal codice civile, il livello del tasso è determinato dal CdA e la quantità di emissioni sono proporzionali al capitale, ma poiché il tasso negativo presuppone la completa estinzione dei titoli, ed il loro ripianamento da parte dei soci, nessuno può impedire alla BdM di emetterne a suo piacimento.

Lo stesso ragionamento vale per gli enti locali. Il fatto che i Titan vengano usati come moneta non è vietato da nessuna legge. A parte il fatto che posso tranquillamente comprare casa con i BOT, e che i titoli di debito sono considerati denaro a tutti gli effetti, nulla mi impedisce di comprare un telefonino dando in cambio una coperta di lana, una pila di libri, un assegno o un Titan, sempre che il venditore lo accetti e sempre che sia consapevole del "*valore*" di quello che riceve in cambio. D'altra parte per aderire all'associazione è necessario accettarne le premesse che mettono ben in evidenza la natura dei Titan e l'impegno ad accettarli come mezzi di pagamento.

Sul piano fiscale la costituzione di una FAZ presenta alcune incognite forse positive. Anche se le imprese e le persone che operano nella FAZ dovessero pagare esattamente le stesse tasse che pagano attualmente per la loro attività in questa società, il beneficio è evidente, visto che le imprese non hanno costi finanziari e per lo più possono contare su una domanda che segue un maniera armonica la loro produzione.

Però c'è da considerare che dal punto di vista del capitale monetario, i Titan non hanno alcun valore, poiché il loro prezzo sarà comunque zero alla fine del periodo considerato. Sotto questo aspetto, quindi, non si può certo parlare di *"valore aggiunto"* in termini fiscali relativamente ai pagamenti effettuati con i Titan che dovrebbero più correttamente essere considerati sotto la fattispecie delle donazioni e quindi a valore zero.

Sotto questo aspetto, la FAZ dovrebbe essere assimilata alle banche del Tempo o alle associazioni *no profit* le cui attività sono esenti da molte imposte per la ragione che lo scopo della loro attività non è il profitto. Lo stesso discorso vale per le FAZ e le BdM che non sono certamente finalizzate al profitto né tanto meno alla speculazione.

Quale beneficio per il movimento? Il solo fatto che si prefiguri in concreto un modo di vivere diverso da quello della società del profitto è una grande rivoluzione.

Attraverso questi strumenti si possono aggregare forze considerevoli in breve tempo, per fare informazione libera, per far crescere il biologico in agricoltura, per fare ricerca e produzione di fonti energetiche alternative al petrolio, per fare case decenti per tutti, per liberare un numero crescente di persone. Non è la pietra filosofale e il tasso negativo non risolve tutti i problemi.

Come diceva Marx, le relazioni economiche riflettono i rapporti sociali. E' esattamente quello che dobbiamo fare.

Smetterla di vivere nell'incubo della riproduzione del capitale e cominciare a vivere secondo il nostro modo di vivere i rapporti sociali.

Il tasso negativo, però, indica una via ed è il caso di imboccarla rapidamente. Perché se funziona, e non si vede la ragione per cui non dovrebbe funzionare, riusciremo in maniera concreta ad introdurre nel mondo e nella testa della gente un diverso concetto di ricchezza e di vita. E se non sbaglio è proprio questo l'obiettivo di tutti.

ix.   Che cos'è una FAZ

Abbiamo visto in che modo attraverso i Titan è possibile costruire relazioni economiche che generano ricchezza e non determinano né debito né potere finanziario, poiché eliminano l'accumulazione finanziaria. Abbiamo anche visto che questo sistema deve necessariamente passare attraverso l'erogazione del RdC a tutti i membri della società, e che questo è un elemento fondamentale per costruire un'economia fondata sui principi del dono e non dell'accumulazione monetaria.

Dobbiamo, quindi, descrivere in grandi linee il funzionamento di questa società, e dare una dimostrazione della ragione per la quale in essa sia possibile applicare principi come quelli della partecipazione e della solidarietà senza dover necessariamente fare affidamento sul volontarismo dei suoi membri.

FAZ è l'acronimo di *Financial Autonomous Zone*, Zona di Autonomia Finanziaria. L'acronimo ricalca volutamente quello ben più famoso di TAZ (*Temporary Autonomus Zone*), le Zone di Autonomia Temporanea teorizzate e descritte da Hakim Bey nel suo noto libro[67].

---

[67]   Hakim Bey, *T.A.Z. Zone Temporaneamente Autonome*, Shake Edizioni Underground, Mi, 1998

Una FAZ è uno spazio di autonomia giuridica, finanziaria e sociale di costruire una zona di autonomia permanente in uno spazio che non è prevalentemente fisico, ma virtuale e giuridico, spazio che scaturisce per effetto di un meccanismo finanziario che è in grado di generarla. Si tratta di costruire un concetto del tutto nuovo di rivoluzione.

Che cos'è la rivoluzione? La presa del palazzo d'inverno, l'eliminazione fisica di un gruppo di potere per metterne al suo posto un altro? So bene che questo è l'insegnamento che ci viene dalla storia. Le rivoluzioni sono state fatte nel sangue, nello scontro di un gruppo con un altro gruppo, in genere élites contro altre élites e il popolo a seguire gli uni o gli altri, spesso diviso, un po' con gli uni, un po' con gli altri, apparentemente vincitore, in genere sempre sconfitto dal *potere*, dal quale è sostanzialmente escluso.

Il potere è in sé un fatto d'élite. La rappresentanza e il consenso non ci danno alcuna indicazione per distinguere tra democrazia e totalitarismo, se pensiamo che sanguinari dittatori avevano un consenso reale di gran lunga superiore a quello di molti Presidenti di Repubbliche democratiche.

Una *rivoluzione popolare* non porta al potere il popolo, espressione ricca di ambiguità e di ipocrisia e in sé priva di senso, visto che quel potere, poi, lo esercitano i soliti quattro gatti. Sono poche le rivoluzioni veramente popolari e sono state tutte soffocate nel sangue da un potere che contro l'anarchia ritrova sempre sé stesso.

E' questa l'idea di rivoluzione che abbiamo? Abbattere il potere comportava passare a fil di spada tutti coloro che con quel potere erano in qualche modo compromessi. Abbattere il potere finanziario comporta, forse, il passare a fil di spada tutte le banconote, o magari bruciarle nella pubblica piazza, nel corso di solenni cerimonie, tra il giubilo del popolino nullatenente e le lacrime disperate di rentières e prostitute d'alto bordo? E' così che si fa scomparire il denaro dalla vita degli esseri umani?

La logica del sangue delle rivoluzioni del passato è la logica del potere e della sopraffazione, qualunque sia il colore della maglietta del vincitore e anche se egli è animato dalle migliori intenzioni. Al potere non interessa affatto il colore del cappello di coloro che lo detengono, ma solo che qualcuno lo eserciti.

Non contano le intenzioni ma i fatti che parlano di migliaia o centinaia di migliaia o milioni di morti perché un'idea trionfi. Che cos'è questo se non un residuo degli antichi sacrifici tribali che pretendevano sangue umano da tributare agli dei affinché rinnovassero il mondo?

x.   Il potere e le rivoluzioni

La rivoluzione francese fu seguita dal bagno di sangue delle guerre napoleoniche che da guerre di difesa della patria, si trasformarono in guerre di conquista. La rivoluzione russa fu seguita dalle purghe staliniane con il massacro di milioni di persone base a ragioni puramente ideologiche. La stessa rivoluzione americana fu seguita oltre che dalla guerra con gli inglesi, da un conflitto massacrante tra la borghesia industriale del nord e l'aristocrazia terriera del sud, che segnò l'esplosione delle contraddizioni per cui era stata combattuta e vinta la lotta di liberazione: la necessità di passare da un'economia terriera e aristocratica ad un'economia industriale e borghese.

Insomma, al potere di una classe si è sostituito il potere di un'altra classe, anche per mezzo dell'eliminazione fisica della classe al potere. Le rivoluzioni non risolvono il problema del potere, ma decidono quale tra i poteri in conflitto debba essere vincente.

Una rivoluzione popolare deve cominciare a risolvere una volta per tutte il problema del potere, che vuol dire cercare di eliminarlo o ridurlo il più possibile. Deve essere chiaro che chiunque eserciti il potere è tentato di farlo in nome proprio o del gruppo che egli rappresenta. Perciò è necessario ridurre il più possibile la presenza del potere nella vita sociale.

Al popolo il potere interessa solo nella misura in cui è costretto a subirlo. Ma è proprio necessario? Adesso che è venuta meno la necessità primaria del potere, ovvero la divisione equa di risorse scarse, adesso che le risorse non sono scarse affatto, poiché la loro scarsità è determinata dallo stesso potere allo scopo di sopravvivere, non è forse la sua eliminazione lo strumento per costruire una società più libera, più felice, più solidale, in altri termini, più umana?

Un'altra strada non contrappone violenza a violenza, ma rifiuta la violenza; non rivendica alcunché se non il proprio diritto di esistere e di costruire un altro mondo; non si propone di prendere il potere e nemmeno di abbatterlo in senso violento, ma di svuotarlo di contenuto.

Insomma, un'alternativa a questo sistema di potere non genera altro potere, poiché alla fine tutti i poteri sono necessariamente prevaricatori, ma svuota il potere della sua essenza, togliergli l'acqua nella quale nuotano gli squali del potere.

L'acqua del potere è data dalla coscienza degli individui e dal loro grado di dipendenza dall'idea del potere. Ora, è assurdo sperare che un rivolgimento violento possa cambiare la testa delle persone e di colpo metterle nelle condizioni di non aver bisogno del capo.

Il tempo è potere, appunto, e il tempo della nostra vita è oggi e non in un futuro remoto.

Oggi noi abbiamo il diritto di vivere nel migliore dei mondi possibili. Se proiettiamo a domani questa esigenza, vivremo la miseria del nostro presente nell'illusione del futuro migliore e questo, come abbiamo visto, è proprio lo strumento preferito dal potere per il suo dominio.

Si tratta, insomma, di costruire subito un'alternativa al mondo del potere, facendo in modo che oggettivamente nell'animo delle persone si generino comportamenti che fanno a meno del presupposto del potere. Questi comportamenti oggettivi possono essere alimentati solo dalla convenienza personale dei singoli, convenienza che deve vincere la paura del vuoto e del rischio di rimanere da soli che è alla base dell'idea di capo.

Dobbiamo fare in modo che l'egoismo individuale coincida con l'utilità sociale, e che questa coincidenza avvenga in modo automatico, senza che sia necessario l'intervento di un potere e di una volontà sovraordinata o gerarchica.

La struttura orizzontale, l'automatismo, la solidarietà, la partecipazione di tutti, sono i principi sui quali deve fondarsi la FAZ.

xi. Democrazia, giustizia e verità

Le società democratiche sono caratterizzate dalla partecipazione di tutto il popolo alle decisioni politiche, ai diversi livelli in cui queste si articolano. Un altro principio posto alla base delle società democratiche è che esse sono società di diritto, nelle quali, cioè, la legge è posta al di sopra di ogni altro potere e quindi, ad essa tutti i poteri le devono obbedienza.

Questo principio, che ha pochissime eccezioni nel nostro ordinamento positivo, viene in concreto attuato mediante la divisione e l'indipendenza dei poteri, che fornisce garanzie di equilibrio per effetto del reciproco controllo. Gli eventuali conflitti tra poteri sono attribuiti ad organi giudiziari particolari che hanno il compito di dirimerli interpretando la legge.

Com'è evidente, questa struttura presuppone una società fondata sul potere, nella quale è quindi necessario che essi siano regolati in maniera tale da evitare che il conflitto diventi paralizzante.

La logica del potere ammette, anzi pretende, che esso sia gestito da un organo in grado di assumere rapidamente le decisioni necessarie, e per questa ragione la delega è così diffusa nel nostro sistema politico. L'articolazione del potere per mezzo della delega determina anche la gerarchia delle strutture stesse. La gerarchia tra i poteri, così come la gerarchia tra le leggi, è uno dei principi fondanti del nostro ordinamento positivo.

In appendice ho messo alcune considerazioni sul rapporto tra il potere e i concetti di giustizia e di verità. Si tratta di accenni su un tema che meriterebbe da solo un trattato, ma è evidente che costruire una società senza il potere significa costruire una società senza "*giustizia*" e senza "*verità*".

La giustizia e la verità di questa società si sono rovesciate nel loro opposto, e dico che questo è inevitabile data la natura dei rapporti economici.

L'accumulazione porta necessariamente all'ingiustizia sociale e alla falsa rappresentazione del teatrino mediatico. Il popolo che non vuole il potere (perché non ne ha bisogno), non vuole nemmeno la giustizia che *decide*, perché non deve *separare* ma *unire* e *includere* nel suo corpo, e non vuole nemmeno la verità, pronta a *cadere* di fronte ad un'altra verità più forte o più crudele.

xii. Gerarchia e accumulazione

Tutte le società fondate sul principio di accumulazione hanno necessariamente una struttura gerarchica. La necessità della gerarchia discende dalla logica stessa dell'accumulazione, il cui prodotto presuppone un potere che lo gestisca.

E' fuori di dubbio che la scarsità delle risorse spinge i membri a comportamenti egoistici che sono, nell'immediato, di maggiore utilità per l'individuo di un comportamento solidale. Il potere interviene non tanto per temperare questo egoismo immediato (*ne cives ad arma ruant*), quanto come fornitore di un solidarismo anch'esso iscritto nella logica dell'accumulazione *ad infinitum* che si traduce in controllo all'interno e aggressione all'esterno della società.

L'accumulazione infinita non potrà mai essere soddisfatta per definizione, poiché essa presuppone un mondo in perenne conflitto alla ricerca di una irraggiungibile piena soddisfazione dei bisogni.

L'aspirazione ad una società che sia fondata su un principio di funzionamento non gerarchico può, quindi, essere coltivata solo in un contesto economico che prescinda dall'accumulazione.

Un fondamento non gerarchico non significa nessun fondamento né nessuna regola, come traspare da certo anarchismo ingenuo o arcaicizzante. Il funzionamento di una società solidale deve fondarsi su principi di solidarietà, ma questi non devono essere imposti alla collettività.

Insomma, non è possibile imporre la solidarietà per legge, poiché per sua definizione la solidarietà deve essere spontanea e perché, come risulta chiaro leggendo l'appendice sulla giustizia e sulla verità, la stessa legge è frutto e fonte di potere. E' quindi necessario costruire strutture che per loro conto determinino comportamenti solidali, in modo che a ciascun membro della società, o alla maggior parte di essi, risulti evidente che un comportamento solidale è individualmente più conveniente di un comportamento immediatamente egoistico.

Abbiamo concluso che l'accumulazione monetaria è diretta conseguenza dell'accumulazione capitalistica e che pertanto, solo eliminando questo principio è possibile costruire relazioni che prescindano stabilmente dalla riduzione economica cui l'accumulazione inevitabilmente le conduce.

Una società realmente alternativa deve escludere sia il principio gerarchico sia il principio della delega.

L'alternativa consiste appunto, nel ridurre, fino all'azzeramento, il potere come strumento di regolazione dei rapporti tra gli uomini.

Affinché questo obiettivo si possa attuare in concreto, e non resti una mera petizione di principio, è necessario ricostruire le relazioni sociali dalle fondamenta, partendo dalle relazioni economiche che di quelle sociali sono la matrice.

Questo capitolo non vuole essere una trattazione approfondita di un argomento così complesso, e neppure ha la pretesa di dare indicazioni se non in linea di grande massima.

L'intento è solo di mettere in evidenza che, senza un radicale e profondo mutamento delle relazioni economiche, non è possibile cambiare in alcun modo le strutture politiche, e inoltre, che ogni tentativo di modificare il sistema politico dal suo interno, si rivela inutile e velleitario, poiché saranno le stesse relazioni economiche a generare gli strumenti necessari per ricondurre i poteri in una logica di equilibrio.

Di fatto, un sistema che si fonda sull'accumulazione monetaria è irriformabile dal suo interno, poiché esso stesso impedisce di affrontare la sua stessa matrice, appunto il potere che discende dall'accumulazione.

Questo, però, non significa affatto che non sia possibile cambiare la società se non attraverso un moto violento, anzi, è al contrario proprio la violenza ad essere perfettamente iscritta nella logica di un sistema fondato sul potere.

xiii.   Principi della FAZ

Indicherò, quindi, qui di seguito, alcuni principi di funzionamento della FAZ basati sul rovesciamento del principio d'accumulazione. Non è certamente un'elencazione esaustiva, che non è possibile perché ogni FAZ deve trovare nella propria storia i punti di appoggio per effettuare questo rovesciamento.

Un primo principio di funzionamento della FAZ deve essere quello che inibisce al suo interno la creazione di accumulazione monetaria.

Questo è possibile solo tramite i titoli a tasso negativo, e pertanto tutte le FAZ dovranno uniformarsi alla logica del tasso negativo ed essere fondate su strumenti monetari a tempo.

Nulla vieta che ad un certo punto della vita di una FAZ, gli strumenti monetari siano abbandonati completamente, anzi questo deve essere un obiettivo ragionevole di una struttura che si pone disegnare una società a misura d'uomo.

E' perfettamente possibile immaginare una società in cui la misura degli scambi sia eliminata anche perché non è difficile ipotizzare che, dati certi presupposti, gli scambi perdano ogni importanza.

L'ambiente in cui lo scambio potrebbe diventare del tutto inutile, è quello in cui esso rappresenti una quota irrisoria delle attività dell'umanità e la maggior parte del prodotto materiale venga distribuita tramite il RdC. Una situazione del genere potrebbe verificarsi sia nella società in generale, ma è più probabile che possa verificarsi in una singola FAZ o in un insieme di esse. In questo caso le uniche operazioni monetarie dovrebbero disciplinare le relazioni tra l'insieme del prodotto delle FAZ non destinato all'uso interno e l'insieme del prodotto proveniente dall'esterno della FAZ.

Ma anche allo scopo di addivenire ad una società senza denaro senza dover necessariamente passare per una catastrofe finanziaria, quale si può ipotizzare in questo contesto storico, è necessario che gli strumenti monetari delle FAZ si basino sul principio dei Titan. Di conseguenza, esse devono fondarsi anche sul **principio del Reddito di Cittadinanza Universale** per tutti i membri della FAZ, poiché abbiamo visto come questo sia strettamente connesso all'altro.

Entrambi questi due principi, però, devono derivare dal principio di ordine superiore della tutela del diritto alla vita.

I Titan ed il RdC sono tecniche volte ad evitare che nella società si riproducano logiche di sopraffazione e di ineguaglianza, ma senza l'affermazione del principio fondante, le tecniche sono inutili e a volte controproducenti. Voglio dire che nulla esclude che in futuro anche il RdC o il tasso negativo, che oggi appaiono come gli strumenti per impedire l'accumulazione monetaria e ridistribuire in maniera equa parte della ricchezza sociale possano rivelarsi inefficaci di fronte ad un radicale mutamento della situazione che oggi è imprevedibile.

Insomma, né il principio del RdC né, tanto meno quello del tasso negativo, sono degli assoluti come peraltro nessun principio di funzionamento dell'economia.

Dobbiamo considerare un assoluto solo un principio come quello della tutela del diritto alla vita. Il rispetto di quello porta agevolmente a comprendere che lo strumento attualmente in grado di realizzare tale principio nella nostra società è il RdC e il tasso negativo.

Altro principio fondante della FAZ deve essere quello che ho definito il "*principio della macchina*".

Questo principio in sostanza afferma che nessun comportamento solidale o di qualsivoglia altro genere debba essere imposto da una norma, ma che la solidarietà deve trovare la sua realizzazione in un complesso di situazioni in cui i membri della FAZ trovino più conveniente adottare quel comportamento solidale piuttosto che un comportamento egoistico. Questo discorso ha una valenza particolare nella produzione di immateriale nel quale i vantaggi della solidarietà sono più immediatamente percepibili soprattutto in un ambiente nel quale la competizione è spinta all'estremo. Ma esso ha valore anche in una società la cui produzione sia essenzialmente materiale, e basta ricordarsi di Adam Smith e del suo oste che è felice di perseguire il proprio tornaconto dando da mangiare ai suoi avventori. Ovviamente, purché il prodotto complessivo della società sia sufficiente a soddisfare le necessità primarie di tutti i membri della società.

Lo strumento più agevole per la realizzazione concreta del principio della macchina è il ***diritto negativo***, così come l'ho descritto in appendice. Una norma che non genera potere è una "*legge senza comando*", insomma un rovesciamento del senso profondo della legge e del diritto positivo. Si tratta, in altri termini, di recuperare il senso originario del termine "*legge*", ovvero di legame che unisce i cittadini in modo indissolubile per via della comunanza di interessi e di obiettivi, e non di strumento volto a determinare la supremazia di un potere su un altro all'interno della società.

E' quel senso che emerge da una rilettura critica dell'antico e famoso brocardo "*ubi societas ibi jus*", nel quale il termine *jus* si identifica con la legge unificante perché creatrice di legame.

Il comando, appunto lo *jus*, è lo strumento concreto per l'attuazione del legame, ma solo successivamente finisce per identificarsi con il legame stesso, conferendo carattere di assolutezza ad un potere che in sé è un mero prodotto della storia.

C'è una contraddizione insolubile tra il legame della legge e il suo sciogliersi nella *de-cisione*, che è appunto un tagliare (la contrapposizione dei poteri, che comporta anche il tagliare i legami della legge). La contrapposizione degli interessi che è insita nella logica dell'accumulazione, è la fonte di questa contraddizione e solo eliminandola è possibile ricostruire il senso originario del legame societario[68].

La contraddizione è resa più evidente dal fatto che il potere non unisce ma separa, non solo perché, come abbiamo già rilevato, *de-cide*, tagliando di volta in volta il legame più debole a vantaggio del più forte, ma perché lo stesso potere si concreta in un atto di forza sull'individuo, che lo allontana definitivamente dalla solidarietà "*naturale*" del legame societario.

---

[68]   Il legame societario era originariamente sancito nel sacro. Il termine *jus* ha la medesima radice di *Juppiter* e di *jubeo*; il comando e il diritto discendono entrambi da Giove, e il legame societario trova nella divinità protettrice della comunità la sua fonte. La *obligatio* è per i latini un *juris vinculum cui necessitate adstringimur*, ovvero, l'obbligazione che scaturisce dal legame della legge è un vincolo sacro (*juris*) giustificato dal bisogno (*necessitate*).

Il potere comporta un ordinamento *"positivo"* nel quale l'adattamento dell'individuo al legame sociale è determinato dalla violenza del potere su di lui. Il rovesciamento di questo ordinamento passa attraverso un *"de-ordine negativo"*, nel quale l'individuo ritrova il senso della sua appartenenza alla società.

Nel potere, la libertà dell'individuo è limitata dalla libertà degli altri; nel rovesciamento del potere, la libertà dell'individuo è accresciuta dalla libertà degli altri.

Se il potere è un limite, la sua rimozione elimina anche quel limite in una logica di solidarietà e comunione sociale.

Il *de-ordine* non è un *dis-ordine*[69], bensì uno stato nel quale le strutture del potere sono inefficaci e i rapporti tra gli uomini siano regolati da principi di solidarietà e di collaborazione e non dalla sopraffazione e dalla violenza. In altri termini, laddove c'è un potere, questo deve essere eliminato oppure, se ciò non è possibile, almeno circoscritto e limitato.

In che modo è possibile incrementare il *de-ordine* nella società? Abbiamo visto che uno strumento utile a tal fine è il contenuto negativo della norma che impedisce il sorgere di tutti i poteri diretti di coercizione. Ciononostante, questo non è sufficiente poiché una società si trova spesso in circostanze nelle quali la difesa del debole passa, apparentemente senza altra soluzione, attraverso la coercizione del più forte o del prepotente.

La questione della difesa e della sicurezza non può essere liquidata sulla considerazione apodittica che in una società solidale, i comportamenti violenti o prepotenti saranno di fatto eliminati. Questo presuppone una visione razionale dell'uomo altrettanto astratta come quella utilitaristica o quella eroica. Attribuire agli uomini univocità di intenti e linearità di comportamenti, non tiene conto della ricchezza e varietà dell'animo umano e degli infiniti comportamenti che da questa possono derivare.

---

[69]   Il *dis-ordine* è la negazione dell'ordine, concetto che implica uno stato di instabilità che deve risolversi in un nuovo ordine. Il *de-ordine* è l'allontanamento dall'ordine, il distacco che, quindi, non implica alcuna necessaria instabilità nel suo svolgersi.

Nello stesso uomo possono convivere sentimenti nobili e meschinità disgustose, senza che questo debba necessariamente comportare un giudizio di quell'uomo, né in un senso né in un altro.

L'idea che sia sufficiente rimuovere le cause economiche dei comportamenti criminosi per eliminarli dalla società è del tutto utopistica. E' vero che l'ansia del bisogno è spesso causa di comportamenti criminali, ma non è certo la sola fonte di essi, e il fatto che la maggior parte dei detenuti sia composta da diseredati è dovuto al fatto che, come abbiamo visto, la giustizia è un potere che colpisce il più debole. Interpretare i delitti dei *"colletti bianchi"* o certi omicidi in termini di bisogno è un'evidente forzatura. Ancora più pericolosa è la pretesa dello Stato di educare quelli che hanno comportamenti asociali. Uno stato etico è la premessa della dittatura e dell'assolutismo.

Noi conosciamo solo la modalità del potere per reprimere e prevenire comportamenti criminali e credo che per un certo tempo non si potrà fare a meno di continuare a garantire la sicurezza individuale attraverso il potere, anche se come abbiamo visto sopra, questo assume solo una connotazione di deterrenza in base a norme di diritto negativo.

Tuttavia, una nuova società deve trovare la maniera di affrontare il problema della criminalità in modo da non dover necessariamente ricorrere al potere per farla scomparire. Il principio qui deve essere quello dell'*inclusione* contrapposto all'*esclusione* operata dalla giustizia.

L'organizzazione sociale trovava nel legame della legge la sua fonte, un legame fondato sulla divinità tutelatrice della collettività. In questo legame, la collettività aveva un ruolo preminente rispetto all'individuo, poiché era essa stessa, in quanto comunità di umani, ad essere legittimata ad accedere alla conoscenza divina, proprio per il tramite del vincolo sociale[70].

Il capitalismo ha rotto i vincoli religiosi dell'uomo con la sua comunità, traducendoli in un legame puramente economico e dominato dall'interesse, finendo per costruire una sorta di teodicea del mercato e dell'interesse che ha come essenza il dio denaro[71].

---

[70]   Di qui la natura sacra del diritto e la sua superiorità anche rispetto agli uomini più potenti. Questa condizione fu violata nell'antica Roma solo dall'Impero ma solo quando gli imperatori si attribuirono una natura divina e quindi, si posero su un piano pari alla fonte del diritto.

Non sto, ovviamente, rimpiangendo l'antica relazione divina tra l'uomo e la società, che è una costruzione tutta metafisica, poiché delega ad un *altrove* la realizzazione dell'essenza dell'uomo. L'anticapitalismo, la ricerca della spiritualità non passano attraverso la ricostruzione di una metafisica dello spirito da contrapporre alla metafisica del denaro (id est del capitale).

Ciascuno può vivere la propria spiritualità come meglio crede e d'altra parte molti filosofi della religione hanno recentemente sottolineato il significato profondamente antimetafisico del cristianesimo, distorto da una pratica di potere ad esso sostanzialmente estranea[72].

Il senso della socialità non deve scaturire dall'annullamento dell'individualità in un mondo altro dall'uomo, che esso sia frutto di una metafisica dello spirito o della metafisica della materia, bensì dalla sua esaltazione, nella consapevolezza che la socialità moltiplica le opportunità dell'individuo.

In questo senso, quindi, un altro principio di funzionamento della FAZ, è la **partecipazione**.

Partecipazione che deve essere personale e diretta e frutto di scelta consapevole e non certo né di obbligo né di adesione superficiale. Partecipazione che deve coinvolgere non solo gli interessi economici, e certamente non deve limitarsi ad essi, ma tutta la sfera della vita di relazione degli esseri umani.

Tutti gli aspetti della vita sociale devono poter essere discussi da tutti i componenti della FAZ in modo che ciascuno possa portare il proprio contributo, fosse soltanto per manifestare il proprio dissenso o la propria adesione. Solo partecipando alle discussioni ed

---

[71] *L'affidarsi al principio della "mano invisibile" che governerebbe il mercato, ha permesso ai moderni e in particolare a pensatori come Adam Smith, di poter dare risposta, benché in modo illusorio, al problema della giustizia divina, attribuendo al mercato lo stesso misterioso disegno salvifico che i Dottori della Chiesa assegnavano a Dio. Sotto questo aspetto il mercato come teodicea [...] non può non accompagnarsi ad un'altra idea, quella liberale di libertà. La libera iniziativa personale, come espressione assoluta della libertà individuale, teorizzata dal liberismo è necessaria al singolo per operare sul mercato. Solo facendo i propri interessi, l'individuo potrà consentire al mercato, attraverso lo scontro tra differenti egoismi (il male), di conseguire crescita economica e sviluppo sociale (il bene). In questo modo l'attuale "fede nel mercato", per parafrasare Marx è "il sospiro della creatura oppressa [...]. Essa è l'oppio del popolo".* C. Gambescia, *Mercato*, Ed. Settimo Sigillo, Roma 2002

[72] Cfr. sul punto G. Vattimo, *Dopo la Cristianità – Per un cristianesimo non religioso*, Garzanti, Mi, 2002

alla vita sociale si può costruire la consapevolezza della propria libertà.

Ovviamente questa partecipazione non comporta alcun diritto di invasione della sfera personale degli altri, bensì la consapevolezza che la realizzazione della personalità presuppone il rispetto e la comprensione degli altri. Questo ci porta ad un altro principio che sottende tutta la FAZ e non è certo l'ultimo di quelli esposti.

Voglio sottolineare che l'ordine di esposizione non implica alcun ordine gerarchico, poiché credo sia ormai chiaro che la FAZ non tollera alcuna gerarchia ed i suoi principi sono tutti pienamente compresenti. Il fatto che questa non sia un'elencazione esaustiva sta ad indicare il fatto che ogni FAZ, poiché composta da individui coscienti e ragionevoli, può stabilire i principi che ritiene necessari al suo funzionamento data la contingenza storica in cui quella FAZ si trova.

L'altro principio della FAZ è il **principio di libertà**. E' ovvio che questo principio è già compreso sia nel diritto negativo, sia nel RdC, sia nella partecipazione. Però è sempre opportuno ribadirne l'essenzialità sia in ordine alle tentazioni - sempre presenti - di costruire strutture rigide nella società, tentazione che è in evidente contrasto con il principio di libertà, che di stabilire norme cogenti, anche esse del tutto in contrasto con il principio di libertà.

Una FAZ non sarà costituita da strutture rigide né burocratiche ma flessibili ed occasionali, in funzione delle necessità che mano a mano si presentano alla comunità. Anche le strutture di partecipazione risponderanno a questa logica che è tanto più necessaria quanto più la FAZ cresce di dimensioni. La delega sarà limitata a determinate funzioni specifiche e comunque dovrà ruotare tra vari membri della comunità, così come il comando, se necessario, sarà strettamente limitato nel tempo e circoscritto nell'ambito delle funzioni specifiche da svolgere[73].

---

[73]   Un buon esempio che ci viene dalla storia sui limiti delle funzioni di comando è quello del *Cunctator* romano, ovvero del *dittatore* che veniva nominato dall'assemblea per guidare l'esercito in caso di estremo pericolo della società. Il suo mandato era limitato a sei mesi (il tempo delle campagne militari di quel periodo) ed egli non poteva essere rieletto alla carica prima che fossero passate un certo numero di legislature. Un classico esempio è Cincinnato che dopo aver cacciato i Galli che avevano occupato la città si ritirò in campagna. Il termine ha assunto una diversa connotazione dopo la fine della Repubblica ma per lungo tempo molti imperatori continuarono a nutrire un grande rispetto per le

xiv. NIMG, Not in my garden!

Nel corso di una delle animate discussioni che hanno accompagnato la stesura di questo libro, è venuto fuori il "*problema dell'inceneritore*", uno di quei problemi che gli americani definiscono NIMG questions, acronimo di Not In My Garden, per indicare il limite che l'interesse pubblico deve avere nell'intromettersi nelle faccende private.

Il problema è questo. In una comunità sorge l'esigenza di costruire un inceneritore per smaltire i rifiuti. Si sa che gli inceneritori puzzano, soprattutto se ci si trova sotto vento, e che sono un po' rumorosi, anche per effetto del via vai di camion che scaricano i rifiuti da smaltire. Nella comunità non c'è uno spazio sufficientemente lontano dalle abitazioni ed è giocoforza che il depuratore sia costruito nei pressi di un gruppo di case. La scelta ricade su una certa area i cui abitanti non ne sono, ovviamente, contenti.

Come affrontano il problema i diversi regimi e come deve affrontare il problema una FAZ?

Un regime autoritario decide e basta che il depuratore vada in un certo posto. Eviterà di piazzarlo nei pressi del quartiere dove sa di avere il massimo consenso, e ovviamente non lo metterà nel giardino del dittatore o in quello dei membri del regime. Chi protesta viene denunciato e al limite arrestato per attività sovversive antinazionali e contrarie all'interesse pubblico.

Un regime democratico borghese liberale, farà operare il mercato[74] . L'ente privato acquisterà il terreno meno costoso (quindi per forza

---

antiche istituzioni repubblicane. Augusto rifiutò sempre di assumere sia il titolo di *dittatore* che quello di *imperatore*, preferendo quello di *Padre della Patria*.

[74]   La soluzione "*di mercato*", considerata generalmente efficiente, in questo caso non lo è, perché tiene conto solo dei benefici e dei costi privati (e al più dei benefici sociali per la collettività), ma non dei costi sociali che sono quelli sopportati dai cittadini che vivono nei pressi dell'inceneritore. Una piena internalizzazione di tali costi sociali richiederebbe, ad esempio, che l'impresa appaltatrice costruisse un impianto non inquinante (dal punto di vista atmosferico e acustico) oppure che compensasse

di cose nel quartiere più popolare), e metterà lì il depuratore in forza di un contratto con la Pubblica Amministrazione che gli ha delegato la costruzione. Tutte le proteste si scontreranno con i provvedimenti amministrativi e giudiziari che daranno ragione alla ditta in forza della validità dei contratti giustificati dall'interesse superiore della collettività.

Un regime borghese socialdemocratico, farà agire l'ente pubblico competente che effettuerà le sue valutazioni, farà la proposta all'assemblea dei delegati locali (dal consiglio di circoscrizione a quello regionale) e deciderà a maggioranza perseguendo un criterio politico nell'assumere la sua decisione. In altri termini, starà attento alle conseguenze sull'elettorato, a contemperare gli interessi delle lobbies locali, e poi deciderà a maggioranza nella sede competente.

In tutti questi tre regimi, ovviamente, questo è il meglio che si può ottenere, poiché non ho considerato le varianti che si possono verificare per effetto di comportamenti devianti dei soggetti interessati alla soluzione del problema. E' evidente, ad esempio, che la corruzione potrebbe far cambiare parere alle autorità che devono decidere[75].

In ogni caso, tutti questi regimi mettono in primo piano la questione del costo dell'opera che dovrà essere il minore possibile, per non gravare il bilancio dell'ente di una spesa eccessiva (che comporta ulteriori tasse e quindi una perdita di consenso).

I cittadini gratificati del dono del depuratore nel loro giardino, nei regimi due e tre, potranno ricorrere all'autorità giudiziaria per far valere le proprie ragioni ma in genere senza esito alcuno se non ottenere al massimo un risarcimento monetario[76].

---

finanziariamente i cittadini affetti dall'esternalità. Un tale processo potrebbe portare l'impresa in questione a rivedere il piano di investimento, spingendola ad esempio a ricercare un sito più adatto alla costruzione dell'impianto (nota di A. Oliveri).

[75] La corruzione interviene in misura differente a seconda dei regimi. In quello autoritario riguarda gli interessi del gruppo dominante, in quello liberale, è relativa prevalentemente agli interessi delle imprese private, in quello socialdemocratico è relativa prevalentemente agli interessi dei rappresentanti politici.

[76] Nella migliore delle ipotesi, se i cittadini di quartiere danno luogo ad un'attività organizzata sufficientemente incisiva, potrebbero ottenere qualche forma di risarcimento per il fastidio causato dell'inceneritore. Tali eventualità sono comunque generalmente abbastanza remote, e le metodologie analitiche (contingent valuation analysis) attraverso le quali vengono stimati i risarcimenti sono generalmente poco affidabili (nota di A. Oliveri).

La soluzione del problema sarà quindi individuale. Chi comprerà le mollette per il naso e i tappi per le orecchie, chi venderà la casa rimettendoci per il diminuito *"valore"* di essa dopo la costruzione del depuratore, chi sarà stato abbastanza furbo da sapere in anticipo che in quella zona si stava decidendo di piazzare un depuratore ed ha venduto la casa a prezzo pieno, eccetera. In ogni caso gli interessi della minoranza sono schiacciati dalla *"dittatura della maggioranza"* al potere.

Come affronta il problema una società democratica alternativa? Una FAZ dovrebbe operare in maniera completamente diversa.

Per la Parecon, la questione dovrebbe essere affrontata a livello di consigli locali e discussa in assemblea. Alla fine della discussione, la scelta sarebbe votata dalla maggioranza, però la minoranza penalizzata dalla decisione avrebbe il diritto di recedere dalla comunità[77].

Anzitutto dovrebbe capire se il problema non ha altre soluzioni, ovvero se è proprio necessario costruire il depuratore. Nelle altre ipotesi, questo è dato per scontato, ma non è affatto così. Infatti, la necessità di costruire il depuratore nasce da un problema di inquinamento, ed è importante sapere se questo problema non possa essere affrontato a monte eliminando la fonte o le fonti di inquinamento e quindi anche la necessità di costruire il depuratore.

In altri termini, ritengo che una FAZ debba sempre procedere in questo modo, risalendo all'origine del problema e cercare quindi di eliminarlo. Se questo non è possibile, e il depuratore deve essere costruito per forza, allora si cerca un accordo che raggiunga l'unanimità dei consensi.

Se però, non si riesce a raggiungere l'unanimità sulla soluzione proposta dai tecnici e anche approvata dalla maggioranza, allora deve essere trovata *un'altra* soluzione che possa essere approvata da tutti i membri della comunità.

L'idea è che ci sia sempre una soluzione e che solo apparentemente questa non sia praticabile. Nel capitalismo il

---

[77]   Su come la Parecon affronta il problema vedi il breve saggio di Adele Oliveri in appendice. Una FAZ si avvale del principio di partecipazione e della logica consiliare, orizzontale e non gerarchica, descritta nella Parecon. In pratica, la soluzione Parecon è per buona parte assumibile da una FAZ poiché il principio di cercare una soluzione *a monte* è in pratica identico.

problema è in genere finanziario. Le *altre* soluzioni sono troppo costose e quindi impraticabili. In una FAZ il costo non è un problema per definizione. Questo è reso possibile in una FAZ dal fatto che le spese per impianti di uso comune, <u>non</u> sono considerate dei costi, ma produzione di ricchezza e quindi la questione del minor prezzo possibile non si pone affatto.

Certamente le nostre conoscenze tecniche ci consentono di trovare soluzioni forse molto costose che però non rovinano il giardino (ad esempio, invece di un inceneritore solo, quattro o dieci o venti inceneritori più piccoli dislocati sotto terra con accesso per i camion da strade normalmente trafficate). E' chiaro che soluzioni di questo genere sono impraticabili in una logica di valutazione dei costi in funzione dell'accumulazione monetaria, mentre <u>per una FAZ sarebbe molto più costosa la mancata soluzione unanime del problema</u>.

Questo modo di affrontare il problema non è molto distante da quello degli africani, che si riuniscono sotto un albero a discutere finché non sono tutti d'accordo sulla soluzione. Soluzione che viene cercata e trovata nel nome e nello spirito della comunità o della sua divinità tutelare, e che non richiede mai un intervento di trasformazione del mondo in cui essi vivevano.

Noi, invece, trasformiamo il mondo e nel farlo dobbiamo tenere conto del fatto che ogni intervento incide sulla vita di tutti, e che la vita è il massimo bene e la massima fonte di ricchezza. Per questa ragione, tutto ciò che tutela la vita è considerato nella FAZ fonte di ricchezza e come tale deve essere finanziato dalla collettività.

Per quale ragione oggi, la tecnica non è in grado di risolvere i problemi nel modo migliore? Perché essa non è agisce alla ricerca dell'ottimo sociale, ma è vincolata ai limiti economici indotti dalla logica dell'accumulazione monetaria e del profitto. Insomma non può tenere conto dei danni che un intervento può portare alla vita di tutti, poiché i costi sociali non sono considerati nel computo dei costi di un impianto. La valutazione di impatto ambientale, ad esempio, è un'istituzione recente e peraltro ancora marginale rispetto all'effettiva incidenza di un'opera sulla vita e sull'ambiente.

La soluzione migliore, anzi l'unica praticabile, in una società in cui la ricchezza sia data dall'accumulazione monetaria, è quella che comporta il profitto dell'impresa e non il miglior risultato dal punto di vista sociale. Con la conseguenza che per risparmiare sull'inceneritore e dare profitto ad un'impresa, sull'erroneo presupposto del minor costo dell'impianto, si pagano costi sociali pesantissimi in termini di qualità della vita individuale e sociale.

Il regime di concorrenza tra le imprese in materia di appalti pubblici determina l'assurdità di ribassi astrusi dei prezzi allo scopo di aggiudicarsi gli appalti, con la pratica poi di andare a recuperare i mancati utili del ribasso con un lavoro di scadente qualità o con varianti all'opera giustificate in genere dalla corruzione dei controllori.

La privatizzazione degli appalti non risolve il problema, poiché massimizza la ricerca del profitto da parte delle imprese che si aggiudicano i lavori.

Una soluzione possibile, potrebbe essere quella di mettere in concorrenza le imprese sulla migliore soluzione tecnica (anche per evitare che cessi la ricerca per soluzioni tecnicamente di pari efficacia ma meno dispendiose). La decisione sull'appalto dovrebbe essere presa dalla collettività interessata per mezzo del voto elettronico mentre la soluzione tecnica dovrebbe essere proposta da società di ingegneria indipendenti che non possono poi partecipare all'esecuzione dei lavori nemmeno come direzione lavori.

Il problema dell'inceneritore illustra in maniera abbastanza chiara le differenti procedure di approccio ad un problema cui è difficile trovare una soluzione soddisfacente per tutte le componenti della società. La superiorità della soluzione praticabile in un'economia FAZ è data dal fatto che è possibile applicare principi di partecipazione senza dover necessariamente passare per le decisioni della dittatura della maggioranza che per quanto si autodefinisca democratica, in realtà non è altro che una forma di violenza cui partecipano un numero elevato di individui.

Sarebbe ora di leggere lo stesso termine *"democrazia"* che nella nostra società ha assunto un significato di un assoluto in sé certamente positivo, nel suo significato reale, che è quello di *"governo del popolo"*. In quanto governo, la democrazia è la migliore forma possibile in una società in cui sia necessario usare il potere, ma essa resta sempre una forma di esercizio di un potere per il quale la composizione dei conflitti avviene tramite il sacrificio degli interessi di minor peso (dal punto di vista numerico, o elettorale, o economico).

L'idea della FAZ è quella di costruire un sistema che cerchi di prescindere dalla necessità di dover sacrificare qualcuno per il bene della collettività, adoperando procedure che consentano di risolvere ogni genere di problemi.

La questione non è tecnica ma politica, e con questo non intendo affatto mitizzare la tecnica, ma voglio solo dire che se la ricchezza consiste in ciò che nasce dalla creatività umana ci deve essere sempre una soluzione ad un problema, altrimenti non c'è il problema.

Nel momento in cui si pone come centrale l'interesse della collettività e quello dei suoi singoli componenti, insieme, la soluzione dei problemi deve essere trovata in modo da non pretendere sacrifici da parte di chicchessia, altrimenti il problema non può essere nemmeno posto.

La soddisfazione degli interessi in tanto può essere pensata in quanto non genera conflitti sociali. Altrimenti quegli interessi devono essere considerati alla stregua del volo aereo nel medioevo, semplicemente impossibile, finché la tecnica non ci ha consentito di pensarlo e di realizzarlo.

Da notare anche che, mentre nella società dell'accumulazione, l'apparente impossibilità di un problema comportava che nessuno era in grado di lavorarci sopra se non per mero diporto, in una società strutturata secondo i principi della FAZ chiunque può scommettere la propria esistenza con la soluzione di problemi apparentemente impossibili, poiché la società comunque considera la sua vita una ricchezza anche se essa viene trascorsa all'inseguimento di una vaga chimera.

Se pensiamo che in passato solo pochi uomini si sono potuti dedicare alle attività di ricerca perché per il resto della propria esistenza dovevano pensare principalmente al lavoro necessario per sopravvivere, e che oggi questa ricerca passa necessariamente attraverso enti e istituzioni che privilegiano alla scienza l'accumulazione del capitale, comprendiamo che enorme balzo in avanti può determinare una società che non si fondi sull'accumulazione monetaria sul piano specifico della produzione di ricchezza in senso proprio.

Ricchezza che coincide con la crescita spirituale e materiale delle condizioni di esistenza e con l'equità sociale. E questo è proprio l'obiettivo delle FAZ.

VII. APPENDICI

i. Cicli di produzione e denaro

Abbiamo visto come nella società dell'accumulazione il denaro sia creato sul debito, sul presupposto che il sovrappiù determinato dalla produzione possa ricostituire il capitale impiegato inizialmente ed estinguere il debito stesso.

La moneta bancaria svolge questa funzione di stimolo e supporto dell'economia collocandosi là dove gli investimenti ne richiedono la presenza. Il ciclo del capitale nell'economia del debito prevede che nell'espressione D-M-D1, il termine D (Denaro) sia composto da CP, (Capitale Proprio dell'imprenditore) e da CT (capitale di Terzi rappresentato da debito), e che il termine D1 sia a sua volta composto da CP1>CP e CT1>CT, ovvero dal capitale incrementato dal profitto ottenuto al termine del processo di produzione.

Il termine CT1 è a sua volta composto da CT+x ovvero dall'interesse che l'impresa deve corrispondere per ottenere il capitale necessario, e globalmente D1 sarà composto da CT+x+CP+y dove y sta per il profitto dell'impresa che ha remunerato il capitale proprio.

Il capitale di terzi di origine bancaria, ovvero originato sul debito, scompare mano a mano che esso viene restituito dall'impresa, mentre resta in circolazione nel sistema sia il capitale proprio che x ed y, ovvero profitto ed interessi sotto forma monetaria.

Assumiamo che nel momento iniziale dell'investimento il capitale complessivo sia stato interamente trasformato in merci (strumenti di produzione e materie prime). Al termine del ciclo di produzione, ci sarà una quantità di merci in sovrappiù, frutto appunto dell'accumulazione del capitale.

In altri termini, il ciclo M-D-M1 vedrà M1 composto da M+m che indichiamo come profitto tradotto in merci. In realtà, non tutto il profitto si aggiungerà alle merci esistenti, poiché una parte di esse, nel corso del processo di produzione avrà avuto un certo grado di obsolescenza che dipende dal tipo di merci prodotte.

E' però evidente che qualunque sia il grado di obsolescenza delle merci, la scomparsa del capitale di terzi al termine della produzione, per quanto elevato sia il tasso di interessi e di profitto, genera nel sistema una situazione di relativa deflazione, poiché è venuta meno, dopo la restituzione, una parte consistente del denaro che era stato utilizzato per la produzione, mentre le merci sono ancora in una fase relativamente iniziale del loro processo di deperimento.

In altre parole, nel sistema circoleranno più merci che denaro e, anche se una parte di queste merci sono sotto forma di impianti, esse creeranno una situazione in cui è necessario abbassare i prezzi per venderle poiché il denaro residuo sarà relativamente scarso, sia perché il capitale di terzi è stato annullato nel sistema, sia perché parte del capitale proprio sarà stato di nuovo trasformato in materie prime per iniziare un nuovo ciclo.

Di conseguenza l'impresa avrà necessità di nuovo capitale di terzi per portare a compimento il nuovo ciclo, durante il quale l'obsolescenza delle merci prodotte nel corso del primo ciclo porterà ad un certo punto il sistema ad avere meno merci e più denaro, sospingendolo, quindi, in una nuova fase di espansione dei prezzi.

C'è da notare che l'impresa avrà necessità crescente di capitale di terzi, poiché per consentire una remunerazione costante dei fattori di produzione e del capitale investito, dovrà incrementare la propria produzione a causa della riduzione dei margini di profitto.

Parimenti, il sistema finanziario spingerà i consumatori ad indebitarsi per sostenere la produzione da essi stessi finanziata e che rischia di entrare in crisi se la domanda non è sufficientemente sostenuta.

Nel sistema, quindi, entreranno altre quantità di denaro sotto forma di debito, per effetto dei prestiti effettuati dal sistema bancario anche ai consumatori. Questi prestiti possono riequilibrare la scarsità di liquido nella fase terminale del ciclo di produzione e produrre una situazione di profitti crescenti per l'impresa.

Di fatto, mentre le merci nel sistema crescono di un fattore x determinato dalla somma delle merci esistenti più quelle di nuova produzione meno quelle che vengono consumate o divengono obsolete, la quantità di moneta cresce di un fattore y, per y>x, poiché ad ogni ciclo di produzione restano sotto forma di moneta sia gli interessi sul capitale di terzi sia i profitti dell'impresa e ogni ciclo di produzione richiede moneta di terzi in misura crescente.

E se la tendenza alla relativa deflazione alla fine del ciclo viene contrastata dalla concessione di crediti al consumo (cioè agli stessi produttori in quanto consumatori), la tendenza inflazionistica del sistema nel suo complesso diventa crescente, per effetto della permanenza di moneta in misura superiore alle merci in circolazione durante i cicli di produzione.

Il sistema di produzione fondato sul debito tende quindi all'inflazione. Questa situazione, che si è storicamente determinata negli anni settanta, è stata affrontata dapprima mediante un rialzo dei tassi di interesse che, però, ha accelerato il meccanismo di creazione di moneta ed aggravato gli effetti inflattivi, e poi, con la cura opposta di una riduzione dei tassi di interesse ed una spinta sul credito al consumo, che ha causato un'espansione della massa monetaria ed un'accelerazione della produzione di beni di consumo che hanno ridotto il tasso di crescita dell'inflazione.

Raggiunta la saturazione, per l'esaurimento della capacità di indebitamento degli operatori del sistema, la liquidità esistente si è riversata essenzialmente verso le attività di speculazione finanziaria innescando, nella metà degli anni novanta, nuove ondate di inflazione, particolarmente in alcuni paesi (Sud America e Sud Est Asiatico).

Allo stesso tempo, però, l'impossibilità di finanziare ulteriormente la domanda di beni di consumo, ha generato condizioni di sovrapproduzione e di stagnazione economica insieme alla presenza minacciosa e continua di pericoli di inflazione.

La crescita dei redditi reali è cessata, ed è iniziata una loro contrazione per effetto dell'aumento dei prezzi superiore all'incremento nominale dei redditi.

Il rimedio tentato dalle Banche centrali occidentali di ridurre quasi a zero i tassi di interesse non ha portato benefici tangibili, poiché senza un incremento dei redditi la domanda resta stazionaria o decrescente e l'espansione del credito sul lato della domanda si scontra con la saturazione della capacità di credito dei consumatori e sulla stagnazione dei loro redditi effettivi.

L'unico settore che ha dato per qualche tempo fiato alla domanda, è stato quello finanziario che ha ridistribuito quote di reddito a favore della speculazione, finché non si è generata una bolla speculativa sui prezzi dei prodotti finanziari che, non più sostenibile dalla domanda è esplosa, causando un'ulteriore contrazione dei redditi reali.

Ne è derivato un trasferimento di ricchezza dai redditi medio bassi a quelli più alti che, disponendo di somme decisamente più elevate per i propri investimenti finanziari, hanno potuto gestire meglio le oscillazioni violente dei mercati finanziari, mentre la maggior parte dei piccoli investitori si è trovata in una situazione insostenibile, stretti tra le perdite finanziarie e la riduzione dei redditi reali.

In questo modo, nel sistema dell'economia del debito si verifica una situazione assurda. Da un lato c'è troppo denaro sotto forma di debito e non è possibile crearne dell'altro per via della saturazione degli agenti del sistema.

Dall'altro lato, la maggior parte della circolazione di questo denaro va a remunerare l'accumulazione del capitale finanziario e non ha alcun effetto sull'economia reale, in tal modo producendo una crescita fittizia tutta basata sulla carta (reale e virtuale) che viene creata dal sistema finanziario.

Negli USA, alla fine del 2001, il 73% del PIL era destinato al pagamento del servizio sul debito. L'economia reale ha invece necessità di moneta per far circolare i beni che essa produce e pertanto, paradossalmente, in questo mare di denaro, molte realtà economiche stanno sperimentando nuove forme di creazione di moneta allo scopo di dare fiato ad una produzione che diventa sempre più asfittica e ad una domanda che non è in grado di sostenerla.

Dal punto di vista individuale, le difficoltà della domanda comportano spesso problemi molto gravi per la sopravvivenza e l'esplosione degli esperimenti monetari nel mondo sta a dimostrare quanto questa situazione si stia estendendo in tutto il pianeta.

ii. Cicli economici e Titan

In un qualsiasi sistema economico che abbia un relativo grado di complessità, è necessario l'uso di uno strumento di misura degli scambi e dei prezzi relativi dei beni prodotti.

L'aumento della complessità del sistema, comporta un maggiore incremento del numero delle transazioni, poiché queste si sviluppano in misura esponenziale. Per questa ragione, a determinati livelli di complessità, gli operatori finiscono per *"scegliere"* una merce come strumento di misura generale, tenendo conto del suo *premio di liquidità*, ovvero della sua capacità di essere accettata dalla generalità degli operatori come moneta e della sua fungibilità. Non si tratta, ovviamente, di una scelta cosciente, ma solo dettata da convenienza o da conformismo alla convenienza dei più.

Un ulteriore incremento della complessità del sistema comporta che ogni merce adottata come strumento di misura divenga scarsa, e questo produce difficoltà negli scambi, sia per l'abitudine a considerare tutte le merci (e i servizi) in termini di quella merce adottata come strumento di misura, sia per la difficoltà di considerare altre merci come strumento di scambio. In un certo senso, questo equivarrebbe a cambiare metro per ogni misurazione.

Di qui la necessità di regolare, in maniera conveniente, la quantità di moneta all'interno di un sistema economico, mediante meccanismi che ne consentano il controllo in funzione degli scambi effettivi.

Abbiamo visto che il sistema attuale comporta l'esercizio di questo controllo da parte di un sistema di Banche Centrali, che però è in grado di determinare con una certa precisione la riduzione della massa monetaria, disincentivando gli investimenti, mediante il rialzo dei tassi di interesse, mentre non è in grado di fare altrettanto con l'opposta manovra di incrementare la domanda di moneta abbassando i tassi di interesse, poiché non può controllare la propensione al rischio degli investitori e quindi la loro capacità di indebitarsi.

Peraltro, in una situazione in cui la moneta viene creata esclusivamente sul debito, ogni espansione della massa monetaria comporta un'espansione del debito complessivo e questo comporta un aumento del rischio complessivo del sistema, dovuto ai minori margini di manovra delle imprese.

Un aumento del debito, infatti, comporta che una parte maggiore del prodotto sia trasferita sotto forma di interesse al sistema finanziario in danno della remunerazione degli altri fattori di produzione.

Il sistema, peraltro, tiene conto in maniera molto grossolana della diversa incidenza sul ciclo economico di beni di investimento e di beni di consumo, e non tiene in nessun conto l'incidenza maggiore che hanno i beni *"misti"*, ovvero quelli che possono essere allo stesso tempo di investimento per certi usi e di consumo per altri.

Come abbiamo visto, il denaro ha cessato da tempo di rappresentare una merce e di costituire, perciò, riserva di valore per la sua stessa natura. Questa funzione del denaro, che ha aspetti psicologici di notevole importanza, ha indotto i riformatori di Bretton Woods ad escogitare il sistema di conversione indiretto allora elaborato relativamente al dollaro.

Peraltro, come ho più volte sottolineato, questo sistema comportava la possibilità di usare la stampa delle banconote come un potere sia per controllare le economie degli altri paesi attraverso le manovre sui cambi, sia per impadronirsi, attraverso opportuni finanziamenti fondati su moneta creata dal nulla, della ricchezza e degli apparati produttivi migliori delle altre nazioni.

Ovviamente, questo aspetto di strumento di potere del denaro cartaceo, si fonda essenzialmente sul nascondimento della vera natura del denaro, che è ormai divenuto un mero strumento di misura degli scambi.

La natura virtuale del denaro conforta evidentemente questa considerazione. La gran parte del denaro bancario è, infatti, rappresentata solo da segni elettronici, così come prima era rappresentato da scritture contabili e non da qualcosa di fisicamente tangibile.

Nonostante la virtualizzazione del denaro, il sistema bancario si è impadronito della sua emissione assumendo la funzione creditizia, e lasciando allo Stato l'illusione del diritto di signoraggio, ovvero di trarre profitto in nome della collettività, dal diritto di battere moneta. Illusione, perché la moneta cartacea è una frazione irrisoria del totale della moneta in circolazione, compresa quella emessa dagli stessi Stati sotto forma di debito pubblico che, per lo più, è collocato presso le stesse banche. Peraltro, con la moneta europea, ma in Italia già precedentemente con la privatizzazione della Banca d'Italia, anche la stampa delle banconote ed il relativo diritto di signoraggio è finito in mano ai privati.

Come abbiamo visto, il sistema di creazione della moneta tramite il debito è fonte di potere, e per il sistema bancario è difficile rinunciare a questo potere nonostante sia ormai evidente che il vero problema delle economie occidentali sia un problema monetario.

Abbiamo già visto che è impossibile far crescere la massa monetaria sul debito, poiché gli operatori economici non possono assumere quote crescenti di debito a causa dell'incremento esponenziale del rischio che ne deriverebbe.

Ma ci sono anche altre ragioni per cui l'espansione monetaria è resa difficoltosa a questo punto dell'evoluzione del sistema.

Una di queste ragioni è l'incongruità dell'offerta di moneta rispetto alla natura dei beni oggetto della produzione e a quella degli scambi. In altri termini, gli interessi sul mercato favoriscono da un lato la produzione, poiché per le imprese sono previsti numerose agevolazioni creditizie sia per la produzione che per l'acquisto di beni durevoli di investimento, dall'altro penalizzano il consumo, poiché i crediti al consumo sono invece quelli più gravati nella misura degli interessi.

E' possibile che questo fenomeno, peraltro comprensibile in un contesto sociale da sempre alle prese con la scarsità della produzione dei beni di consumo[78], abbia avuto un ruolo nel determinare uno stato di sovrapproduzione del sistema.

Ma a parte questa considerazione, la maggiore velocità di creazione di debito per il consumo, unita alla maggiore velocità del ciclo del consumo che per sua stessa natura ha una durata inferiore al ciclo della produzione, comporta che la capacità di indebitamento dei consumatori si esaurisca in un tempo minore rispetto a quella dei produttori e che il denaro creato per il consumo si trasformi in

---

[78]   Oltre all'assicurazione sul futuro, l'agevolazione degli investimenti e della produzione favorisce anche la diffusione dell'etica del lavoro che a sua volta spinge verso il consumo.

rendita parassitaria in un tempo sempre più ridotto.

Insomma, ogni somma di denaro creata nel sistema a fronte di un consumo, continua a circolare nonostante quei beni siano scomparsi da tempo, appunto perché consumati.

Nell'economia classica, la crescita della capacità di consumo è funzionale alla crescita del reddito ed alla crescita del risparmio, parte del quale viene trasformata in consumo.

Sappiamo da Schumpeter, che la crescita della produzione non comporta affatto una corrispondente crescita dei redditi e una delle ragioni di ciò risiede, secondo Lonergan[79], nella diversa velocità dei cicli di produzione di beni di consumo, di beni di investimento e di ridistribuzione.

Questa diversa velocità dei cicli, ha un aspetto monetario non trascurabile, poiché la contrazione della crescita di un settore, non accompagnata da una contrazione adeguata della massa monetaria, ha come conseguenza una forte pressione sui prezzi.

L'armonizzazione dei cicli economici dovrebbe essere accompagnata, o meglio, potrebbe essere determinata, da una relativa armonizzazione dell'offerta di moneta relativamente a ciascun ciclo economico.

In altri termini, cicli brevi di produzione dovrebbero essere supportati da moneta a scadenza più breve di quella emessa per cicli più lunghi, ad esempio per i beni di investimento. A maggior ragione il ragionamento vale per la moneta emessa per la costruzione di beni rifugio come la casa, la cui obsolescenza è molto lunga.

In una certa misura, che possiamo definire di natura quantitativa, questo già avviene nel sistema, poiché è noto che la misura dei tassi di interesse dei mutui è decisamente inferiore a quella sul credito a breve termine, però queste differenze di tassi di interesse non comportano che la moneta scompaia dal sistema con una velocità

---

[79]   Bernard Lonergan *"An Essay on Circulation Analysis"*, in For a new political Economy Vol 21 of Collected Works of Bernard Lonergan, University of Toronto Press, 1999. Lonergan ha l'obiettivo di descrivere in maniera dinamica il ciclo economico contro la visione statica dell'economia classica e di quella keynesiana. Nello studio del ciclo economico Lonergan pone l'attenzione sulla diversa durata relativa dei diversi cicli cercando una maniera di armonizzarli tra loro. L'idea è qui di andare a studiare l'incidenza sui diversi cicli di monete dotate di diversa durata. L'osservazione è che i diversi tassi di interesse determinano una differente quantità di monete relative ad ogni ciclo, mentre la diversa durata delle monete inciderebbe anche sulla qualità della moneta finendo per incidere sul ciclo stesso.

paragonabile alla effettiva obsolescenza dei beni.

La definizione *"quantitativa"* sta ad indicare che la diversa misura del tasso di interesse determina diversa incidenza di quella moneta nel sistema. L'emissione di denaro a tasso negativo, determinerebbe anche una durata specifica del denaro in funzione della durata dei beni che costituiscono il ciclo.

La questione è complicata notevolmente dal fatto che molte produzioni contemporanee sono *"miste"*, poiché lo stesso bene può avere differenti destinazioni e quindi essere collocato in diversi cicli. Un aereo, un computer, un'autovettura, possono essere indifferentemente usati come beni strumentali o come beni di consumo.

Non credo sia possibile costruire un modello matematico attendibile che sia in grado di descrivere movimenti così complessi e soprattutto imprevedibili. Però la pratica può consigliare alle strutture di emissione, la misura del tasso negativo da adottare per ciascuna tipologia di investimento.

Queste considerazioni ci portano a prevedere l'esistenza di tassi negativi in misura diversa e correlata alla diversa obsolescenza dei beni.

iii. La natura dei Titan

I titoli a tasso negativo sono strumenti finanziari che perdono interamente il loro valore con il decorso di un tempo predeterminato.

Non sono legati alla quotazione di un sottostante, come i *futures* o i *covered warrant*, e la loro emissione non è subordinata all'acquisto di un analogo strumento di segno opposto. La loro circolazione, quindi, non necessita della presenza di un *Market Maker*.

Ciò non toglie affatto che essi possano avere un mercato: la loro quotazione, come tutte le valute o gli strumenti finanziari dipende dalla domanda e dall'offerta di essi. La loro circolazione dovrebbe essere più lenta di quella dei *CW* e dei *futures* in generale, poiché il tempo ipotizzato per la loro scadenza è molto più lungo di quello degli strumenti derivati il cui *decay time* non supera in genere l'anno. Si è ipotizzato che i titoli a tasso negativo abbiano una durata ventennale[80].

~~Che gli strumenti finanziari~~ perdano di valore con il decorso del

I *futures* in generale, sono strumenti finanziari il cui andamento dipende da quello di un contratto o un altro strumento finanziario sottostante. Originariamente i *futures* erano contratti con i quali una parte si impegnava a vendere ed un'altra a comprare, una determinata quantità di beni futuri in una certa data ad un prezzo prefissato. Lo strumento aveva essenzialmente lo scopo di garantire agli stabilimenti di produzione, la quantità di materia prima necessaria per la produzione prevista in un determinato periodo, e di svincolare il prezzo dai rischi stagionali (questo essenzialmente per la produzione agricola, caffè, cacao, grano, soia, eccetera). L'acquirente versava al momento del contratto una caparra penitenziale che perdeva in caso di mancato rispetto del contratto di acquisto. Questi contratti cominciarono a circolare come strumenti finanziari autonomi, quando ci si rese conto che su di essi si poteva speculare scommettendo su di un andamento del prezzo effettivo del prodotto rispetto a quello fissato sul nominale. La loro circolazione, inizialmente limitata ai produttori del settore, si estese agli operatori finanziari. Il meccanismo è semplice: un contratto future, per esempio per l'acquisto di una tonnellata di grano a prezzo 100, costa 10 (la caparra è in genere il 10% del prezzo). Se il grano al momento del raccolto sarà scarso costerà, poniamo 110 e vendendo il contratto lo speculatore finanziario avrà lucrato il 100% del capitale investito (10 per il contratto + 10 di eccedenza prezzo). Se invece ci sarà abbondanza di grano, lo speculatore perderà al massimo l'intero capitale investito, ovvero 10. Se il prezzo del grano fosse al momento del raccolto 120 lo speculatore potrebbe avere un margine del 200%, e così via di seguito. In teoria, quindi, i *futures* possono comportare un guadagno illimitato e costano al massimo, solo la perdita dell'intero capitale investito. I *futures* sono, quindi, dei derivati, poiché la loro esistenza ed il loro andamento dipendono da un contratto principale.

La relazione tra la somma effettivamente investita e il capitale compravenduto determina l'effetto leva dello strumento. Nell'esempio fatto sopra, l'effetto leva è 10, poiché ad ogni movimento di 1 punto del sottostante, il derivato si muove di dieci punti, determinando in tal modo il guadagno o la perdita dello speculatore. La speculazione può essere fatta sia acquistando un *future* che vendendolo. Nel primo caso si scommette in sostanza sulla crescita del prezzo del sottostante posizione detta *call*), nel secondo caso su una sua diminuzione (posizione detta *put*). L'equilibrio delle posizioni *call* e *put* è gestito da società di brokeraggio dette *Clearing houses* che determinano i vari prezzi dei *futures* in funzione della preponderanza delle posizioni dell'uno o dell'altro settore. I *commodities futures* sono da tempo ormai, svincolati da ogni relazione effettiva con il sottostante e ne vengono emessi in misura di gran lunga superiore alla produzione mondiale del prodotto reale sul quale sono emessi. I *financial futures*, sono strumenti finanziari emessi su altri strumenti finanziari, azioni, obbligazioni, titoli di stato eccetera, e sono esplosi negli ultimi vent'anni fino ad occupare ad oggi oltre la metà di tutte le transazioni finanziarie nel mondo.

I *warrant* sono *futures* sulle azioni o obbligazioni emessi dalla stessa società che conferiscono al possessore il diritto di acquistare azioni o obbligazioni a scadenza e prezzo determinati. I warrant sono solo del tipo *call*, per la semplice ragione che la società emittente non può scommettere sulla riduzione di prezzo dei propri titoli. I *Covered warrant*, invece, sono emessi da un istituto finanziario autonomo rispetto alla società, e possono esser del tipo *call* e *put*. A differenza delle opzioni, la cui copertura è garantita dalle *Clearing houses* (in Italia cassa di compensazione), i CW sono garantiti dallo stesso Istituto finanziario emittente e il loro mercato è regolamentato dal *Market Maker*, ovvero lo steso istituto emittente che interviene per fissare le quotazioni del derivato aprendo e chiudendo posizioni corrispondenti a quelle trattate sui due versanti (ad esempio, se il sottostante ha un'escursione al rialzo e le posizioni *call* sono maggiori di quelle *put*, l'Istituto deve aprire posizioni put per garantire il pagamento delle *call* al realizzo). A parità di altre condizioni il trascorrere del tempo (*decay time*) determina una diminuzione del valore del *Covered Warrant*.

tempo non è certo una novità. Per effetto dell'inflazione tutti gli strumenti finanziari vedono erodere periodicamente il proprio valore, e poi i derivati hanno tutti un *decay time* di maggiore o minore durata. La peculiarità dei titoli a tasso negativo è che la loro emissione è legata alla nascita di un'attività di produzione o commerciale, anche se il loro *valore* non dipende dalle vicende dell'attività per la quale sono stati emessi, ma dall'andamento generale dell'economia dell'area nella quale essi circolano.

La loro emissione viene effettuata sul presupposto che ci sia un eccesso di offerta rispetto alla domanda globale. D'altra parte, la loro stessa emissione favorisce la crescita dell'offerta di beni strumentali, poiché essi vengono creati esclusivamente a fronte della realizzazione di un progetto di produzione o commerciale. Successivamente, i titoli a tasso negativo, dovrebbero produrre una crescita equilibrata dell'offerta e della domanda di beni di consumo secondo il moltiplicatore.

Proprio per questa loro natura i titoli a tasso negativo non determinano inflazione: di fatto essi si risolvono in una riduzione del prezzo dei beni trattati per loro tramite.

I titoli a tasso negativo generano un interesse che viene incassato dall'ente che li emette. L'interesse viene pagato dai possessori dei titoli al momento della scadenza annuale sotto forma di una marca da applicare al titolo stesso e che è condizione per la validità e la circolazione del titolo[81].

Il valore del titolo senza marche al momento della scadenza è pari a zero, mentre un'apposizione parziale di marche darà diritto ad un pagamento pari alla somma dell'importo portato dalle marche stesse.

L'importo delle marche è fisso, ed è pari all'interesse necessario per portare il valore del titolo a zero nel periodo prefissato di

---

Quanto più il *Warrant* si avvicina alla scadenza, tanto maggiore è la perdita di valore dovuta al trascorrere di un giorno. Non sembra conveniente l'emissione di derivati si titoli a tasso negativo, che pur essendo un principale hanno un proprio *decay time*.

[81] Il meccanismo delle marche periodiche è relativo a Titan cartacei. I Titan, gestiti virtualmente su conti elettronici, hanno un funzionamento completamente diverso. In quel caso, infatti, l'interesse viene esatto con cadenza settimanale direttamente dai conti, e considerando il tasso del 5%, questo corrisponderebbe ad una esazione dello 0,089% la settimana. In pratica, su un deposito di 1000 titan il tasso negativo corrisponde a 89 centesimi la settimana.

validità dello stesso. Ad esempio, se il *decay time* è fissato in venti anni, l'interesse necessario per portare il valore del titolo a zero sarà del 5%, e pertanto la marca corrisponderà al 5% del nominale del titolo. Per un titolo da 500€ la marca sarà di 25€ ogni anno. Se invece, il tempo di decadenza è fissato in dieci anni, per lo stesso titolo l'interesse sarà del 10% e quindi la marca annuale avrà l'importo di 50€.

Le somme incassate dall'ente a titolo di marche andranno a coprire il pagamento dei titoli presentati alla scadenza e coperti totalmente o parzialmente da marche, mentre l'interesse che l'ente incasserà è rappresentato dalle somme che gli saranno restituite per le attività promosse tramite l'emissione dei titoli a tasso negativo.

Il finanziamento delle attività prevede la restituzione dell'intera sorte capitale alla scadenza dei titoli. In teoria, quindi, l'ente incasserà a titolo di interessi una somma pari a quella emessa per mezzo dei titoli.

E' presumibile, però, che una parte delle attività promosse per il tramite dell'emissione dei titoli non siano in grado di restituire le somme ricevute, sia a seguito di un fallimento dell'iniziativa, sia per effetto di crisi periodiche del sistema economico in cui circolano i titoli. Prudentemente, quindi, l'ente emittente considererà di ricevere alla fine del periodo una somma <u>inferiore</u> a quella portata dall'intero finanziamento.

Nell'ipotesi di una consistente e continua emissione di titoli a tasso negativo che determini una loro significativa presenza sul mercato finanziario, è presumibile che il tasso di interesse effettivo di essi tenda ad assestarsi intorno al tasso di crescita dell'area dove essi circolano.

Una diversa tipologia di titoli da offrire al mercato finanziario prevede che il titolo stesso sia legato all'andamento dell'azienda per il quale viene emesso. Questo comporta da un lato un minore tempo di durata del titolo stesso, e dall'altro lato che l'andamento dell'azienda sia decisivo per il valore del titolo, che oscillerà periodicamente tra il valore massimo portato dal facciale a valori che si collocheranno al di sotto di quell'importo.

In altri termini questi titoli saranno assoggettati ad un rischio maggiore e quindi anche ad una maggiore redditività per gli operatori del settore. Il pagamento degli interessi all'ente dovrà però avvenire per mezzo di erogazioni periodiche e non mediante un unico versamento alla scadenza del titolo.

a)   Sulla emissione dei titoli

I titoli possono essere emessi da un ente al solo scopo di promuovere un'attività di carattere imprenditoriale o commerciale.

Distinguiamo due tipi di emissione: quelli emessi da un ente pubblico sotto forma di titoli del debito pubblico a tasso negativo e quelli emessi da un ente privato sotto forma di obbligazioni a tasso negativo.

Dal punto di vista tecnico le due emissioni non comportano alcuna differenza, poiché gli effetti sul mercato dei titoli e sulla società sono i medesimi. Da un punto di vista giuridico e a maggior ragione, da un punto di vista politico, le due emissioni presentano alcune differenze significative.

Per entrambe le tipologie, il presupposto della loro emissione è che ci sia un cronico eccesso di offerta rispetto alla domanda globale. Per millenni l'umanità ha avuto il problema opposto di un eccesso di domanda rispetto all'offerta di beni, in dipendenza di carestie, guerre, e soprattutto di un sistema di produzione che generalmente era in grado a mala pena di soddisfare i bisogni primari della popolazione.

Raramente, e sempre limitatamente a singole categorie di beni, si è avuto un eccesso di offerta rispetto alla domanda. Più che in dipendenza di eccessi di produzione (come ad esempio per l'oro dopo la scoperta dell'America) questo avveniva per improvvise cadute della domanda per le singole categorie di beni, ma mai per beni necessari alla sussistenza come il grano o il riso. Insomma, le crisi di sovrapproduzione erano per lo più ignote ai nostri antenati.

Dall'industrializzazione in poi, ma soprattutto dal secondo dopoguerra, il problema ha iniziato a rovesciarsi. Risolta nella maggior parte del mondo la questione della sussistenza alimentare, ci si è trovati di fronte a continue crisi della domanda per la mancanza dei mezzi finanziari necessari per sostenerla.

La crisi del '29 è stata essenzialmente una crisi di sovrapproduzione. Se ne uscì per mezzo dell'economia del debito, che generò il consumo di massa e diede grande impulso alla produzione. Le crisi periodiche furono affrontate stimolando la produzione per mezzo dell'indebitamento pubblico, mentre sul versante della domanda il credito al consumo svolgeva un ruolo essenziale di sostegno della produzione.

Il limite dell'economia del debito è la capacità di indebitamento degli operatori del sistema, le famiglie, gli stati e le imprese. La virtualizzazione del denaro, a partire dall'abrogazione degli accordi di Bretton Woods, e il suo completo e definitivo distacco da ogni merce, ha accelerato la creazione di debito come unica via per le emissioni monetarie. E poiché il debito tende a crescere in misura esponenziale, la capacità di indebitamento dei soggetti del mercato si è ridotta in proporzione, frenando la domanda, mentre dall'altro lato la produzione, stimolata dall'indebitamento dello stato e delle imprese, e favorita dalla diffusione delle nuove tecnologie, si è trovata a generare un'offerta cronicamente maggiore della domanda.

Lo sviluppo della produzione immateriale ha aggravato il problema, poiché l'immateriale riduce al minimo l'incidenza dei costi della produzione materiale sul ciclo di produzione, e pertanto non è soggetto ai limiti di sviluppo propri dell'economia fondata sui beni di consumo.

La ragione per cui l'emissione di titoli può essere effettuata solo a fronte di un'intrapresa commerciale o produttiva, risiede in due esigenze: la prima, di giustificare l'emissione di titoli con la maggiore quantità di beni e di attività che essi inducono nell'area economica locale, la seconda di consentire la circolazione dei titoli tra gli operatori finanziari.

I titoli a tasso negativo sono un debito dell'ente solo nella misura in cui sugli stessi sono apposte le marche, altrimenti restano un debito dell'emittente. Tale debito è garantito dall'imprenditore nei confronti dell'ente emittente, ma la garanzia viene liberata se alla scadenza del termine i titoli non vengono presentati all'incasso presso l'ente emittente.

In quel caso la liberazione delle garanzie opererà in favore dei possessori dei titoli. Insomma, l'emissione dei titoli si risolve in un debito tra privati tutelato dalle garanzie prestate dall'imprenditore all'ente, se sugli stessi non fossero apposte le marche periodiche emesse dall'ente. Per questa ragione, la negoziazione dei titoli avrà un maggiore o minore indice di rischio in funzione dell'andamento delle imprese cui sono legati, mentre l'emissione di titoli non direttamente collegata alle imprese finanziate è comunque garantita dall'ente poiché la loro copertura è assicurata dalla vendita delle marche.

b)   Sul rischio dei titoli

Il rischio dell'emissione dei titoli grava principalmente sull'imprenditore che li riceve. Nell'ipotesi limite in cui i titoli non circolassero affatto, il loro pagamento è comunque garantito dall'imprenditore che li ha ricevuti e che si troverà a doverli onorare con l'interesse concordato i titoli alla scadenza.

In altri termini è come se l'imprenditore ricevesse un mutuo che non utilizza e che però è gravato da un interesse: alla fine del periodo, si troverà costretto a restituire la somma mutuata oltre agli interessi concordati.

L'interesse dell'imprenditore a ricevere comunque un mutuo sotto questa forma, è dato dalla ragionevole certezza che i titoli saranno spendibili presso il mercato (altre imprese, lavoro, consumo eccetera). La ragione per cui altre imprese possono ricevere in pagamento questi titoli è data dalla fiducia nel sistema e dalla relativa certezza di essere a loro volta in grado di spendere questi titoli presso altre imprese o presso operatori finanziari.

Insomma, la circolazione dei Titan è assicurata da un sistema di fiducia e di loro accettazione né più né meno di come avvenga oggi con il denaro cartaceo o quello bancario.

L'emissione dei titoli in via sperimentale, potrebbe essere preceduta da una campagna pubblicitaria per farli conoscere al pubblico e dalla raccolta di adesioni di un numero congruo di imprese nella zona interessata, allo scopo di instaurare un clima di fiducia nei confronti dei titoli sia tra le imprese che tra le famiglie.

Maggiore è la durata dei titoli è più semplice diventa la loro circolazione, poiché dalla durata dipende il tasso necessario per l'ammortamento dei titoli stessi. In altri termini, un titolo di durata ventennale, gravato quindi da un interesse annuo del 5%, ha un costo giornaliero dello 0,013% rispetto al valore facciale. Un titolo da 500€ costa al giorno di interessi negativi 0,07€, ovvero circa 140 lire.

Per l'impresa che riceve i titoli si tratta di rischiare di perdere qualche tempo per negoziarli acquistando altri beni. In questa maniera l'interesse finisce per gravare su tutti coloro che hanno negoziato i titoli, poiché sarà ripartito tra di loro. Il valore effettivo del titolo tenderà ad avvicinarci al facciale decurtato dell'interesse, in prossimità della scadenza per l'apposizione della marca ed a riprendere valore pieno all'inizio dell'anno successivo.

Per l'impresa che li trattenesse per uno o due anni prima di spenderli, l'accettazione dei titoli si risolverebbe in uno sconto sulla merce venduta pari rispettivamente al 5 o al 10%. E' possibile che una conseguenza delle transazioni di questi titoli, fino a che almeno non saranno comunemente accettati come mezzo di pagamento, possa essere un relativo irrigidimento dei prezzi.

A questo proposito faccio notare che la recente[82] e debole ripresa dell'economia americana, si fonda essenzialmente sui forti sconti che le imprese produttrici hanno operato nel tentativo di stimolare la domanda, come è stato sottolineato da Greenspan in un suo intervento al FOMC. Queste politiche riducono però i margini di profitto ed indeboliscono gli investimenti e, sul lato della domanda, tendono a riportare in negativo quel tasso di risparmio delle famiglie che, solo nell'ultimo trimestre, è tornato leggermente in attivo dopo anni di contrazione.

La ragione per cui le imprese saranno portate ad accettare i titoli a tasso negativo come mezzo di pagamento, risiede nel cronico

---

[82] Il riferimento è alla tenuissima ripresa dell'inizio del 2001, subito frustrata dalla debolezza cronica della domanda interna americana e dal peso del debito estero. L'attentato dell'11 settembre, poi, giunse a deprimere ulteriormente un mercato di per sé già avviato in un crisi che sembrava allora irresolubile.

eccesso di offerta globale rispetto alla domanda globale. E se la stimolazione delle attività imprenditoriali avviene per mezzo di questi strumenti finanziari, è altamente improbabile che un'impresa decida di non prenderli e di non aderire per non correre il rischio derivante da un'interruzione della loro circolazione. Rischio relativo, finché permane una situazione in cui l'offerta sarà superiore alla domanda.

Il modello ipotizzato è quello di un intervento keynesiano che però non genera debito, e che prelevi solo una parte del surplus generato dal moltiplicatore per destinarlo ad attività che sono decise a livello politico, attività che possono essere di solidarietà verso determinate categorie o più in generale verso la collettività. In altri termini, si tratta di restituire alla politica, e per essa ai cittadini, la possibilità di incidere sulle scelte economiche e sulla destinazione delle somme derivanti dalle imposte.

Una volta innescato il meccanismo di accettazione dei titoli e la loro iniziale circolazione, essi tenderanno a circolare più rapidamente delle banconote per la semplice ragione che rispetto ad esse sono moneta *"cattiva"*, poiché gravata da un interesse che le banconote non hanno.

Insomma, la tesaurizzazione riguarderà le banconote e non i titoli a tasso negativo, e il verificarsi di questo noto fenomeno aumenterà la domanda di titoli a tasso negativo sul mercato finanziario. E' noto, infatti, che la moneta cattiva scaccia sempre quella buona. Di fronte all'alternativa di spendere una moneta d'oro ovvero dieci di rame per un equivalente valore, si sceglie sempre di spendere le monete di rame e tesaurizzare la moneta d'oro. Così, di fronte all'alternativa di spendere una banconota da 500€ o un titolo a tasso negativo, certamente si tesaurizzerà la banconota e si spenderà il titolo.

La velocità di circolazione dei titoli dovrebbe crescere con l'aumento delle emissioni. L'aumento della velocità di circolazione non comporta però un aumento di inflazione, anche se i titoli esercitano una certa pressione al rialzo sui prezzi, per remunerare il rischio insito nella loro natura.

Sono due le ragioni per cui i titoli a tasso negativo non dovrebbero generare inflazione. La prima è che il rischio dell'emissione si attenua progressivamente per effetto della generale accettazione dei titoli, la seconda, che è quella essenziale, è che i titoli a tasso negativo sono destinati a morire con il tempo e ad essere ritirati dalla circolazione e pertanto non gonfiano la massa monetaria. In altri termini, si tratta di un'emissione monetaria che accompagna la crescita economica e che poi scompare senza lasciare il peso del debito, dopo che le attività sono state avviate e consolidate.

Di fatto, il pagamento degli interessi dei titoli a tasso negativo finisce per ricadere sulla collettività che li usa. In questo senso si risolve in un'imposta sulla circolazione del denaro, poiché ad ogni transazione il prenditore si farà remunerare il rischio di non riuscire a spendere i titoli, mentre la remunerazione dei titoli stessi andrà a favore dell'ente che li ha emessi.

c)   **Sulla circolazione dei titoli (I)**

Abbiamo visto che i titoli a tasso negativo generano un interesse che, nella ipotesi migliore, sarà pari al valore facciale dei titoli emessi. L'interesse in questione è apparentemente pagato attraverso l'emissione delle marche, ma in realtà è necessario considerare queste emesse a copertura del pagamento finale del titolo, e le somme restituite dall'imprenditore come se fossero il pagamento dell'interesse sui titoli. Questo sia per evitare di gravare il bilancio dell'ente del rischio della mancata restituzione, dati i tempi necessari al realizzo delle garanzie rilasciate dall'impresa a fronte dell'emissione, sia per il legame che intercorre tra il tasso di interesse e il tasso di crescita dell'area cui abbiamo accennato sopra.

L'imprenditore può essere obbligato a restituire la somma portata dai titoli o in unica soluzione alla fine del periodo di mutuo, o con una differente periodicità. Nell'ipotesi di emissione dei titoli legati nominativamente ad un'impresa, l'imprenditore potrebbe essere obbligato a restituire le somme annualmente, per fornire ai prenditori una maggiore garanzia sulla solvibilità dei titoli. In ipotesi d'insolvenza, infatti, i prenditori metterebbero a rischio solo gli interessi dell'ultimo anno che sarebbero poi loro remunerati all'esito dell'escussione delle garanzie prestate all'ente.

Facciamo un esempio.

Un imprenditore riceve un milione di euro per l'esercizio della sua impresa. A fronte dell'emissione dei titoli egli deve prestare una garanzia a copertura della restituzione del milione di euro alla fine del periodo, che ipotizziamo essere di venti anni. Questo potrebbe comportare delle difficoltà per le nascenti imprese, poiché una garanzia di questa misura deve necessariamente consistere in immobilizzazioni di capitale, o garanzie reali di congruo importo (vale a dire da due a tre volte la somma mutuata in funzione degli interessi applicati e della loro natura). Queste difficoltà possono esser superate se la garanzie viene prestata da un terzo, per esempio una banca d'affari, ovvero se la garanzia venga emessa nella forma revolving.

La garanzia revolving, comporta un rischio attenuato per l'ente che la emette, poiché essa si riferisce solo alla frazione di periodo considerato. Nell'ipotesi di un finanziamento da un milione di euro per venti anni, la garanzia revolving ammonterebbe a 50.000€ all'anno, appunto per venti anni. In questo caso, nell'ipotesi di mancato pagamento di una rata, l'ente può decidere o di intervenire con fondi propri a sostegno dell'impresa in difficoltà, o di escutere le garanzie e ritirare i titoli dalla circolazione.

In questo caso, pagherebbe direttamente ai portatori dei titoli la somma risultante dalle marche e all'esito dell'escussione, la quota residua relativa al periodo di circolazione.

L'utilizzo di una garanzia revolving, pratica molto usata soprattutto per a copertura di forniture periodiche, consente l'accesso al finanziamento di quelle imprese che non sono in grado di fornire adeguate garanzie per il finanziamento richiesto, e consente anche la partecipazione all'impresa di strutture finanziarie che seguano l'impresa nelle sue vicissitudini, assumendosi il modesto rischio della perdita degli interessi per un anno di esercizio a fronte della ben maggiore possibile remunerazione derivante dalla partecipazione all'impresa.

Il sistema bancario, insomma, sarebbe indotto a partecipare all'impresa svolgendo una duplice funzione di garanzia verso il pubblico della solidità dell'impresa e di controllo dall'interno delle scelte imprenditoriali.

Questo intervento del sistema bancario nella vita delle imprese, non comporta, però, un'accelerazione del processo di finanziarizzazione dell'economia, anzi si avrebbe un effetto opposto, poiché indurrebbe il sistema finanziario ad investire proprio nelle attività di produzione per garantire una sufficiente remunerazione ai capitali loro affidati.

Nell'ipotesi di garanzia revolving, dopo la metà del periodo l'intero importo dei titoli sarebbe coperto, e nel rimanente periodo l'ente incasserebbe le somme a titolo di interesse. Questo fatto garantirebbe la copertura del pagamento dei titoli solo dopo che sia trascorsa la metà del tempo di durata dei titoli, e quindi rassicurerebbe i prenditori sul pieno valore dei titoli in circolazione anche se emessi nominativamente su un'impresa.

Altra forma di emissione di titoli a maggiore rischio, potrebbe prevedere un premio per il portatore al momento della scadenza sul valore nominale del titolo.

Per tornare all'esempio del finanziamento da un milione di euro, un premio potrebbe consistere in una somma oscillate tra il 10 e il 40% dell'importo facciale, graduato secondo la maggiore o minore rischiosità dei titoli. L'importo del premio sarebbe remunerato con parte delle somme restituite dall'impresa alla fine del periodo. Il maggiore rischio sarebbe rappresentato da una minore copertura del titolo, durante il periodo di durata, in caso di insolvenza dell'impresa nominata nel titolo.

La circolazione dei titoli "*a premio*" sarà ristretta agli operatori finanziari, considerato il maggiore rischio cui essi sono assoggettati che li rende diversi dagli altri titoli emessi dall'ente, il cui rischio è assimilabile a quello delle comuni banconote. Sul facciale deve essere chiaramente indicato sia l'importo del premio sia il rischio derivante dalla loro circolazione.

d)   Sulla circolazione dei titoli (II)

Abbiamo visto che l'ente emittente ottiene comunque dall'emissione dei titoli, un ricavo di importo variabile. Questo ricavo si risolve in un'imposta che grava sulla circolazione del denaro.

La destinazione naturale del ricavo ottenuto è quindi quella di una riduzione delle imposte sulle attività di lavoro. Questo al fine di evitare un aumento della pressione fiscale complessiva sulla collettività.

Poiché, però, è presumibile che le entrate fiscali aumentino per effetto della ricchezza indotta dalle nuove imprese finanziate con i titoli, la riduzione della pressione fiscale può anche essere giustificata da queste maggiori entrate, e pertanto la destinazione delle somme ricavate dall'emissione dei titoli a tasso negativo può essere diversa.

Anzitutto queste somme possono essere impiegate per attività di solidarietà sociale a sostegno delle persone disagiate e delle classi più deboli. In questo modo si finisce per sostenere la domanda, soprattutto di beni di prima necessità, e questo è perfettamente coerente con il fatto che l'emissione dei titoli a tasso negativo, almeno all'inizio, generano un incremento dell'offerta di beni. Allo stesso modo si può ipotizzare di ridistribuire tra i cittadini il ricavato dell'emissione a titolo di Reddito di Cittadinanza, che produce egualmente l'effetto di incrementare la domanda.

Questa in realtà sarebbe la destinazione propria dei Titan soprattutto se gestiti da una società privata, poiché il RdC rende possibile il superamento del problema della sicurezza, come già esposto in precedenza (cfr sez. IV cap. 3). Un ente pubblico potrebbe, però riuscire a risolvere il problema della sicurezza in altro modo almeno in una prima fase sperimentale, e quindi potrebbe destinare diversamente il ricavato dalla circolazione dei Titan.

Una diversa destinazione può essere quella di utilizzare le somme ricavate dalla circolazione dei titoli per la tutela dell'ambiente e del bene pubblico. In questo caso, sarà opportuno sottolineare nella campagna di presentazione dei titoli al pubblico che la loro accettazione comporta il partecipare fattivamente al miglioramento dell'ambiente e che il costo di questa partecipazione è davvero irrisorio. Tenere un titolo da 500€ per dieci giorni ha lo stesso costo di un caffè al bar, mentre per uno da 150€, il caffè si paga in un mese. Potrebbe essere lo slogan di una campagna pubblicitaria per la diffusione dei titoli tra il pubblico.

Ho scritto sopra che l'ente potrebbe decidere anche di utilizzare parte delle somme, per sostenere le imprese di produzione che si trovino in temporanee difficoltà, e che non abbiano i fondi per fare fronte al pagamento di una rata dell'obbligazione assunta. Questo comporterebbe da parte dell'ente, la costituzione di un fondo specifico per questo fine, che gli consentirebbe di svolgere una funzione di ammortizzatore sociale in momenti di contrazione del ciclo economico. Lo scopo potrebbe essere quello di salvaguardare l'occupazione, ad esempio, o di sostenere un'attività di particolare interesse per il pubblico che si trovi in temporanee difficoltà per contingenze di mercato.

e)   La normativa esistente

Non c'è nessuna norma che vieti a enti pubblici o privati di emettere titoli di credito a interesse negativo. Per gli Enti pubblici ci sono peraltro le norme che consentono l'emissione di titoli di credito subordinandola al rispetto di due condizioni sostanziali: l'esistenza di una copertura nel bilancio dell'ente, e il non superamento di un interesse massimo definito periodicamente dalla Banca d'Italia.

Non c'è la norma che autorizzi l'emissione delle marche, ma non esiste, al contempo, nemmeno il divieto di subordinare la circolazione del titolo a determinate condizioni. In altri termini, ritengo che nell'attuale quadro normativo, un ente pubblico possa emettere queste marche senza incorrere in alcuna violazione di legge.

Diverso è il discorso per i privati. I titoli a tasso negativo non possono essere emessi come cambiali né come altri titoli di credito che sono tipizzati dalla norma. E' possibile che però possano essere emessi da una società nella forma di un prestito obbligazionario gravato di un tasso di interesse negativo. Le cedole periodiche comporterebbero da parte del portatore l'obbligo di versare una somma invece che di incassarla.

Emissioni di questo genere, ove possibile, sarebbero particolarmente adatte a società con un elevato numero di soci e di dipendenti.

I titoli sarebbero spendibili essenzialmente presso i punti vendita dell'emittente e genererebbero una pressione sulla domanda nel gruppo in cui circolassero. La loro accettazione all'esterno, dipenderebbe dalla solidità e notorietà delle società emittenti. Questi titoli potrebbero essere remunerati da un forte premio per i portatori, al fine di favorirne la circolazione tra gli operatori finanziari e tra gli stessi iniziali prenditori.

iv.   Verità e giustizia

Il conflitto tra poteri che non può essere risolto dall'interpretazione della legge, finisce in uno scontro violento finché uno dei due poteri non cede il passo al vincitore. Questa è l'origine della *verità*, cui è contrapposto il *falso*, ovvero ciò che cade (*fallit*)[83] di fronte allo *jus*.

Lo *Jus* non è altro che il comando dato a chi possiede gli strumenti (per i Romani era il console investito dell'*imperium* a comandare (*jubere*, da cui *jus*) alla legione di far cadere il nemico portatore del *falsum* (che cioè vuole imporre il suo *verum*) e difendere la verità). Questa è nascosta e custodita gelosamente all'interno delle mura (il *verum* è l'area sacra della casa romana). Nella genesi della parola *verità* è contenuto il rovesciamento del significato del termine

---

[83]   E' interessante la notazione di Heidegger che nel termine latino *fallere* è incluso l'inganno che consisteva nella tattica di aggirare l'ostacolo e farlo cadere mediante trattati con paesi confinanti, finché il nemico non cadeva appunto perché circondato ed impossibilitato a difendersi. In questo "*aggirare e prendere alle spalle*", si trova il significato concreto dell'*imperium* latino che non deriva tanto dallo scontro frontale vittorioso, dall'esito sempre incerto, ma consiste proprio nell'includere per mezzo del "*far cadere l'altro nel proprio ambito*". Ed è consequenziale, a questo proposito, la considerazione sull'origine della parola "*pace*" che deriva dal verbo "*pangere*", ovvero fissare, stabilire. La pace è la condizione stabilita per colui che è caduto e che in quanto *falsum*, non è stato distrutto ma tenuto in piedi dal vincitore che ne fissa le condizioni di esistenza. La pace è lo stato di dominio del vincitore che detta le condizioni in cui può proseguire l'esistenza del vinto. Non a caso i guerrafondai dei nostri tempi dicono di volere la pace. Lo dicono nel senso originario del termine (anche se per lo più lo ignorano), poiché per essi la pace coincide con l'ordine costituito dal potere. In altri termini, all'origine della pace c'è sempre una guerra poiché i due termini sono strettamente correlati e nel significato originario di pace c'è la volontà di dominio del vincitore (non un dominio assoluto, visto che i romani lasciavano ampi margini di autonomia alle città "*fatte cadere*").

ed il suo legame profondo con il potere. La verità nasce dal potere così come la giustizia. E la legge (*lex*, dal cui etimo deriva anche la parola legione) è il legame che unisce tra loro i cittadini per mezzo del comando (*jus*). Non a caso, la coscienza di questa origine ha generato ardite (ed insensate) costruzioni linguistiche come quella per cui "*la verità deve essere trasparente*" che in sé non significano nulla se non nascondere l'imbarazzo e la confusione di chi si rende conto di pronunciare un ossimoro bello e buono. E' a questa origine della verità che dobbiamo anche i conflitti tra "*verità*", cioè il fatto che possano esistere più verità contrapposte sugli stessi fatti. I Greci, che avevano coscienza effettiva dell'unicità della verità, la chiamavano "*Alétheia*", ovvero "*la disvelata*", contrapponendola ad una natura dell'universo che era loro nascosta (*léthe*)[84] ma conoscibile mediante l'uso dell'intelligenza.

La verità romana è invece inconoscibile e può essere attinta solo mediante un atto di fede (appunto per la sua natura di area sacra) e in quanto tale deve essere difesa mediante l'uso della forza.

Com'è evidente, il potere è intimamente connesso con l'articolazione stessa della struttura concettuale posta alla base del nostro pensiero. Ed è questa la ragione per cui ci appare "*naturale*" pensare alla società in termini di potere e gerarchia.

In realtà il pensiero naturale ci porta nell'opposta direzione di considerare la verità come unica e il potere una violenza e non una verità.

Dobbiamo, quindi, rovesciare l'assunto sul quale si fonda questa società, la verità, il diritto e la giustizia. E non secondo una logica duale per cui al *vero* si contrappone il *falso*, al *diritto* il *rovescio* e alla *giustizia* l'*ingiustizia*. Questo non farebbe che perpetuare la logica del potere, per la quale ogni rovesciamento politico è consistito, appunto, nel fatto che il vecchio vero è diventato falso, la vecchia giustizia ingiusta, il vecchio diritto è stato rovesciato.

---

[84]   Il termine semanticamente contrapposto ad *Alétheia* non è *Léthe* ma *Pséudos*. Tuttavia, il significato del termine *Léthe* chiarisce la comprensione di *Alétheia* come disvelamento, poiché il significato originario di *Léthe* è oblio, dimenticanza (il *Léthe* è il fiume dell'oblio che separa il mondo dei morti dalla terra). Insomma, il disvelamento dell'*Alétheia* è un puro atto mentale che deriva dal ricordare ciò che si è conosciuto tramite la mente, mentre il velato è ciò che è lontano dalla mente in quanto dimenticato.

La rivoluzione francese ha operato proprio questo tipo di rovesciamento, così come la rivoluzione americana e quella russa. Ma in generale, ogni moto di trasformazione politica in senso radicale ha considerato il vecchio al rovescio, in una logica di contrapposizione duale che restava comunque e sempre nell'ambito della logica del potere.

Non dobbiamo sostituire la giustizia con un'altra giustizia né il diritto con un altro diritto né la verità con un'altra verità.

Non dobbiamo sostituire il vecchio potere con un nuovo potere, questo deve essere assolutamente chiaro e deve essere il principio fondamentale che ispira le nostre azioni.

Uscire dalla logica duale comporta trovare una terza via, che esuli dal vecchio e dal nuovo ad esso contrapposto.

Apostel faceva notare che in ogni processo dialettico, la rivoluzione della sintesi è *intrisa di conservazione*. La dialettica hegeliana descrive un movimento lineare all'interno di una struttura logica, in cui il cambiamento più profondo, in realtà, non è in grado di innovare il processo che è sempre simile a sé stesso. Esso si svolge all'interno di strutture, di spazio e di tempo, che sono immutabili, e che determinano la natura reale del processo dialettico.

Il nostro obiettivo è quello di trasformare lo stesso processo da lineare in multidimensionale, secondo una logica che tiene conto della compresenza di differenti stati contemporaneamente.

L'esempio più calzante che mi viene in mente è quello della fisica quantistica, per cui il tempo e lo spazio perdono il loro significato usuale nel mondo tridimensionale, anzi perdono proprio ogni significato, e in cui differenti stati coesistono all'interno del medesimo elemento in quanto possibilità compresenti di infiniti mondi potenziali.

v.   Società senza giustizia e senza verità

Se non facciamo questo sforzo radicale di mutare approccio, non riusciremo mai a capire che la rinuncia alla giustizia non comporta l'ingiustizia, che la rinuncia alla verità non comporta la falsità, che la rinuncia al diritto non comporta la legge "*naturale*" del più forte. In altri termini, l'abbattimento del potere non comporta il caos (che nella terminologia borghese viene espresso con la parola anarchia)[85].

L'anarchia, ovvero l'assenza del potere, **non** è il caos se non in un'ottica in cui il potere è un assoluto, appunto nella linearità della rivoluzione all'interno della logica hegeliana.

In questa ottica, il rovesciamento della giustizia non comporta, appunto, una società ingiusta, ma una società in cui la giustizia **non** derivi dal potere. Cosa significa ciò? Cerco di spiegarlo con un esempio.

Abbiamo visto che la legge è il legame che unisce i cittadini con lo *jus*, il comando del console alla legione. Ogni *jus* ha necessariamente un contenuto *positivo* che impone, attraverso il suo *imperium*, ai cittadini di fare o non fare una cosa. Una giustizia svincolata dal potere deve perdere questo carattere ed essere fondata su un contenuto *negativo*. La legge non deve imporre nulla a nessuno, ma solo delimitare le aree di attività, il che non significa imporre un divieto, poiché la medesima attività può essere svolta in modo tale da non violare la norma.

La sanzione della violazione della norma deve essere la cessazione dell'attività non in un'ottica di imposizione ma in una di esclusione temporanea dalla relazione sociale. In questa logica si

---

[85]   Heidegger nota che l'origine della metafisica moderna si trova nel momento in cui l'essenza della *veritas* si trasforma in *certitudo*. "*La questione del vero diviene quella dell'uso sicuro, assicurato e autoassicurantesi della ratio*". (intesa come facoltà di giudizio, cioè *facultas iudicandi*), in Heidegger, Parmenide, op. cit. pag. 111. Questo significato si trova originariamente nelle *Meditationes de prima philosophia* di Descartes, ma successivamente nella *Critica della Ragion pura* di Kant, nella quale è "*posta ovunque la questione dell'usus, cioè dell'uso della ragione.* **Critica della ragion pura** *significa delimitazione essenziale dell'uso retto della facoltà razionale umana. La questione dell'***uso retto*** corrisponde alla volontà di assicurare la sicurezza in cui deve e vuole collocarsi l'uomo che, posto su se stesso, sta in mezzo all'ente. La* **veritas** *concepita in termini cristiani come* **rectitudo animae**, *quindi quale* **iustitia**, *plasma l'essenza moderna della verità nel senso della sicurezza e dell'assicurazione della sussistenza* (**Bestandsicherung**) *propria dell'atteggiamento umano e del suo modo di comportarsi. Il vero, il* **verum**, *è il retto (***das Rechte***) che garantisce la sicurezza ed è, in tal senso, il giusto (***das Gerechte***)*". Ibidem, pag. 112. La sicurezza, e l'assicurazione della sussistenza, sono l'essenza dell'economia dell'accumulazione. Per vie diverse siamo arrivati allo stesso punto, l'origine della verità e della giustizia è nel potere necessario ad assicurare la sicurezza economica, ovvero l'accumulazione monetaria.

muove, ad esempio, la tendenza moderna degli arresti domiciliari in luogo della detenzione, strumento che potrebbe essere sostituito da strutture di dissuasione individuale rispetto all'area in cui è stata reiteratamente accertata la violazione.

Rispetto al mondo virtuale, l'esclusione potrebbe operare come disconnessione temporanea da determinate aree, facilmente verificabile, peraltro, mediante l'uso di programmi adatti allo scopo.

Un diritto con un contenuto esclusivamente negativo comporta che per la sua attuazione non c'è alcuna necessità di strutture di potere, mentre l'accertamento della violazione può essere rilevato da chiunque ed esposto all'assemblea dei membri della società, ad un livello adeguato a quello della norma violata.

L'assenza di potere nell'attuazione del diritto comporta anche che non è affatto necessaria la delega per la gestione di un potere che non c'è.

Senza la delega, la partecipazione assume un significato completamente diverso e deve essere articolata secondo regole che consentano la rappresentazione effettiva delle presenze e degli interessi sui quali occorre assumere una decisione.

Il fatto che le decisioni non siano più risoluzioni che contemperano la presenza di diversi poteri comporta che esse perdano anche la loro funzione originaria, che è appunto quella di tagliare (*de-caedere*) il potere perdente a vantaggio di quello vincente. Questo è esattamente l'esito dello scontro risolto dallo *jus* con la *decisione*. Una società senza il potere non ha alcuna necessità di *decidere*, semmai di **comprendere** (nel senso letterale di *cum-prehendere*, prendere insieme) e **svelare** ciò che non è conosciuto.

In questa ottica si capisce anche la ragione per cui la politica è sempre più sostituita dalla tecnica negli ultimi tempi, poiché in realtà ciò che è necessario non è tanto la risoluzione di conflitti ma la comprensione di un problema che sia in grado di risolverlo.

L'esito della partecipazione sarà, perciò, costituito da risoluzioni e non da decisioni[86].

---

[86] Questa insistenza per la denominazione non deve essere fraintesa. Essa sta da un lato ad indicare la necessità di dover comprendere in profondità le strutture stesse dell'architettura concettuale portata dal nostro linguaggio, e dall'altra l'esigenza di doverlo innovare allo scopo di creare un approccio ai problemi che tenga conto della necessità di

vi.   Parecon e il NIMG - di Adele Oliveri[87]

La proposta di costruire l'inceneritore emergerebbe nel corso del processo di pianificazione partecipativa, nel contesto della pianificazione degli investimenti di lungo periodo. L'inceneritore sarebbe probabilmente proposto come piano di investimento da parte dell'industria che si occupa della gestione dei rifiuti in ambito cittadino; è possibile immaginare che l'industria stessa proponga due, tre o anche più soluzioni alternative per gestire il problema, illustrando per ognuna i costi e i benefici sociali, lasciando poi che la soluzione prescelta sia l'esito di una consultazione democratica tra tutte le parti coinvolte.

L'inceneritore potrebbe anche essere richiesto quale bene pubblico da parte della federazione di consumo cittadina (assumendo che il raggio di azione dell'inceneritore sia limitato alla città); anche in questo caso, la federazione cittadina potrebbe esprimere una richiesta per un generale "*sistema di gestione dei rifiuti*", lasciando che siano poi le imprese dell'industria competente a fare proprie le proposte, elaborando uno o più piani di investimento alternativi. La proposta di costruzione dell'inceneritore verrebbe inviata, insieme ad altri progetti di investimento, ai comitati di facilitazione delle iterazioni, che a loro volta le invierebbero ai consigli di consumo di cittadini e di quartiere e ad altre federazioni di lavoratori, per una loro valutazione e quindi per decidere, in

---

rivoluzionare permanentemente le architetture concettuali. La ridenominazione non è fine a sé stessa e certamente non esaurisce il compito di ricostruire il mondo attraverso la semplice attribuzione di nomi diversi a concetti che conservano la medesima valenza. So bene che il rischio è quello che la pigrizia mentale ed il conservatorismo, traducano in conformismo burocratico e nominalistico quella che è una vera e propria rivoluzione concettuale che alcuni (temo molti) avranno difficoltà a comprendere fino in fondo. Molte rivoluzioni hanno perduto buona parte della propria valenza proprio nel momento in cui hanno tradotto in attività di "ridenominazione a tutti i costi" la propria carica innovativa. D'altra parte è pur necessario affrontare questo problema anche se comporta il rischio che si usi il cambiamento di denominazione per lasciare tutto come prima.

[87]   Adele Oliveri, economista, traduttrice in Italia di Albert di cui ha curato l'edizione italiana di *Parecon - Life After Capitalism*, Verso Books, London & New York: 2003 di prossima uscita in Italia per i tipi del Saggiatore.

maniera partecipativa, quali investimenti intraprendere nel periodo in corso.

La valutazione del progetto di costruzione dell'impianto vedrebbe coinvolti i consigli di consumatori e produttori locali, in modo da dare a tutti un'influenza sulle decisioni proporzionale all'impatto della decisione stessa. Nel caso in questione, i cittadini/consumatori più affetti sono quelli del quartiere dove si costruisce l'inceneritore; è pertanto opportuno che abbiano una maggiore voce in capitolo nella decisione sul se e come costruire l'impianto. La decisione però ha un impatto anche sulla cittadinanza nel suo complesso, che beneficerebbe (pur senza sopportare i costi diretti del maggiore inquinamento atmosferico e acustico) del servizio di smaltimento dei rifiuti offerto dall'inceneritore.

La discussione vedrebbe quindi probabilmente impegnata la federazione cittadina dei consigli dei consumatori di quartiere, prestando però particolare attenzione alle esigenze dei consumatori residenti nel quartiere designato per la costruzione dell'inceneritore. La discussione coinvolgerebbe inoltre il consiglio dei lavoratori dell'impresa designata per la costruzione dell'inceneritore, dal momento che le modalità scelte per costruire e operare l'impianto influirebbero anche sulla vita lavorativa di questi ultimi. E naturalmente verrebbe coinvolti anche i consigli di altre industrie, nella misura in cui queste ultime hanno proposto piani di investimento di lungo periodo *"concorrenti"* con quelli dell'inceneritore.

La valutazione dei costi e dei benefici sociali dei diversi investimenti emergerebbe da questo processo di dialogo e di interazione tra i consigli e le federazioni di consigli. Una volta stabilito che percentuale del prodotto annuale dedicare agli investimenti di lungo periodo, questi verrebbero selezionati sulla base del rapporto tra costi e benefici sociali per la collettività.

Si noti che non è necessario che tutte queste interazioni avvengano in interminabili assemblee pubbliche. Il tutto potrebbe svolgersi remotamente: ogni individuo, unità abitativa o consiglio di quartiere potrebbe votare remotamente i diversi piani di investimento (attraverso appositi terminali), oppure inviare una relazione al comitato di facilitazione delle iterazioni spiegando le ragioni del rifiuto o chiedendo modifiche al piano di investimento suddetto, per tenere conto dell'impatto negativo sul quartiere dove viene costruito l'impianto.

Sebbene non esista un unico criterio organizzativo per pervenire a una formulazione del piano di investimento finale, è possibile che questo avvenga attraverso una serie di iterazioni che vedono coinvolte le diverse parti in causa, mediate dai comitati di facilitazione delle iterazioni. In ogni caso, verrebbero prese tutte le precauzioni affinché nella decisione tutti i punti di vista ricevano il giusto riconoscimento, adottando le regole decisionali adatte al caso.

Si potrebbe ad esempio decidere che nel caso dell'inceneritore (ammesso che non siano state proposti metodi alternativi di gestione dei rifiuti) il voto debba avvenire a maggioranza, ma che i cittadini del quartiere affetto abbiano diritto di vietare la decisione due volte, chiedendo che vengano apportate ulteriori modifiche al piano di investimento, prima di tornare a votarlo.

In ogni caso, anche la procedura di voto e il metodo decisionale sarebbero decisi democraticamente dalla collettività, e potrebbero variare di comunità in comunità, o di sistema economico in sistema economico. Ai cittadini del quartiere affetto, qualora nonostante la decisione democratica fossero comunque insoddisfatti dell'esito della stessa, potrebbe essere offerta l'opportunità di trasferirsi presso un altro consiglio di quartiere; il trasferimento potrebbe essere facilitato da comitati appositi. Qualora tale trasferimento venisse riconosciuto dalla società come un "*sacrificio*" da parte degli individui o unità abitative coinvolte, la società stessa potrebbe decidere di remunerare tale sacrificio, secondo il criterio remunerativo pareconiano che prevede una remunerazione basata solo sull'impegno e sul sacrificio.

Se la costruzione dell'impianto viene approvata, con tutte le modifiche del caso, il costo verrebbe ripartito sulla comunità che beneficia del servizio dell'inceneritore, riducendo in conseguenza la quota della dotazione di consumo disponibile per il consumo individuale.

VIII. Frequently Asked Questions

i.   FAQ sui Titan

1.   **Cosa sono i titoli a tasso negativo?** *Sono titoli finanziari gravati da interesse negativo per il decorso del tempo e che perdono interamente il proprio valore con la scadenza del termine di validità.*

2.   **Che interesse ha un operatore economico ad accettare questi titoli?** *L'interesse degli operatori economici è dato dalla fiducia nella loro spendibilità, e quindi dalla possibilità di acquistare delle merci o effettuare dei pagamenti per loro tramite.*

3.   **Che interesse ha un operatore finanziario ad accettare questi titoli?** *Gli operatori finanziari si basano anch'essi sulla fiducia nei confronti dei titoli, e sulla propria capacità di riuscire a rimetterli in circolazione guadagnando un interesse.*

4.   **Perché si dovrebbe creare un clima di fiducia intorno a questi titoli e una loro generale accettazione?** *Il presupposto dell'emissione dei titoli è un persistente eccesso di offerta globale, che induce i produttori a effettuare anche forti sconti pur di smobilitare le scorte. L'accettazione dei titoli comporta, anche in ipotesi di una loro circolazione molto lenta, l'effettuazione da parte del prenditore dei titoli di uno sconto molto basso (5% all'anno). Per questa ragione i titoli circoleranno prevalentemente tra i produttori.*

5.   **Perché i titoli a tasso negativo dovrebbero circolare più velocemente delle banconote?** *Perché si tratta in sostanza di mezzi di pagamento gravati da un costo. Di conseguenza, il prenditore cercherà di spenderli il più rapidamente possibile e non li tesaurizzerà per evitare il costo. E' impossibile tesaurizzare i titoli a tasso negativo data la loro natura, e questo comporta che si tratta di mezzi di pagamento che non generano debito.*

6.   **Perché i titoli a tasso negativo devono essere emessi solo per creare nuove imprese?** *Nel caso di loro emissione slegata dalla creazione di attività d'impresa, si risolverebbe in una emissione di moneta senza alcuna corrispondente attività nel territorio, e quindi essi finirebbero, almeno* *nella fase iniziale, per premere in aumento sui prezzi. In altri termini genererebbero inflazione. Un'altra ragione risiede nel fatto che l'emissione in favore di imprese in via di costituzione favorisce un'iniziale circolazione dei titoli presso i produttori, che sono portati ad accettare qualunque mezzo di pagamento pur di liberare i propri magazzini.*

7. **Perché i titoli a tasso negativo non generano inflazione?** *Perché, appunto, sono legati alla nascita di un'attività, e quindi alla corrispondente circolazione di beni. I titoli non generano nemmeno debito, poiché muoiono alla scadenza e sono ritirati dalla circolazione dall'ente che li ha emessi, lasciando, però, la ricchezza che hanno creato.*

8. **Perché si mettono le marche periodiche sui titoli?** *Per evitare il loro decadimento con il tempo, e quindi la necessità per i prenditori di fare complicati calcoli sul valore effettivo del titolo nel momento in cui lo accettano in pagamento. E' necessario e utile che il valore dei titoli oscilli periodicamente in misura non maggiore dell'interesse periodico ad essi applicato.*

9. **Chi garantisce il pagamento dei titoli alla scadenza?** *La garanzia del pagamento dei titoli è data dall'ente che li ha emessi che, a sua volta, ha ricevuto garanzie dall'imprenditore in cui favore ha rilasciato i titoli e che ha incassato le marche che consentono al termine del periodo il pagamento degli stessi titoli.*

10. **Chi paga l'interesse negativo sui titoli?** *L'interesse negativo sui titoli viene ridistribuito tra la platea che li accetta in pagamento. Inizialmente, quindi, tra i produttori e poi tra tutta la popolazione locale nel caso di emissione da parte di un ente pubblico o tra i soci nel caso di emissione da parte di una società privata. Di fatto, i titoli a tasso negativo sono un'imposta che grava su una forma di emissione monetaria.*

11. **Chi incassa l'interesse sui titoli a tasso negativo?** *L'interesse sui titoli viene incassato dall'ente che li ha emessi, e che è essenzialmente un ente pubblico locale. Questo comporta che essi restituiscono al potere politico un potere di spesa e di indirizzo dell'economia che la saturazione dell'economia del debito ha reso pressoché irrisorio.*

12. **Che destinazione hanno le somme ricavate dall'ente?** *La destinazione naturale delle somme incassate a titolo di interesse sui titoli a tasso negativo è quella di ridurre le altre imposte, poiché si tratta di un'imposta che grava su tutta la popolazione e in particolare sulle aziende produttrici. Altra destinazione può essere quella di sostenere la domanda di beni di consumo mediante la distribuzione a titoli di reddito di cittadinanza, ovvero quella di*

opere di pubblica utilità e tutela dell'ambiente.

13. Come si può ragionevolmente garantire la circolazione dei titoli? *Prima di effettuarne le emissioni, l'ente sensibilizzerà l'opinione pubblica per mezzo di un'opportuna campagna pubblicitaria che metta in chiaro le caratteristiche dei titoli stessi, e si premunirà, facendo aderire le imprese di produzione e commerciali del luogo, ad un cartello di produttori che accettano i titoli stessi in pagamento. Una società privata deve obbligare i propri soci ad accettare i Titan come mezzi di pagamento.*

14. Come deve essere il taglio dei titoli? *Il taglio dei titoli deve essere il più possibile ridotto, al fine di consentirne la più ampia diffusione in tutti gli strati della popolazione. E' possibile ipotizzare un taglio minimo da 50€ ed uno massimo da 1000€.*

15. Che effetto ha l'immissione dei titoli nell'economia locale? *Inizialmente i titoli dovrebbero determinare un aumento della domanda di beni strumentali, e poi generare una crescita equilibrata dell'offerta e della domanda di beni di consumo secondo il moltiplicatore. In generale, i titoli dovrebbero causare un aumento della ricchezza complessiva senza però generare debito.*

16. Che ruolo hanno gli istituti finanziari con l'emissione dei titoli a tasso negativo? *Le banche e in generale gli istituti finanziari, possono partecipare all'impresa prestando le garanzie necessarie per l'emissione dei titoli, e possono negoziare i titoli stessi sfruttando lo spread tra il nominale e l'interesse negativo presunto nel periodo di negoziazione garantendosi un ricavo da questo. Le banche e le finanziarie possono, più facilmente dei privati, collocare i titoli presso propri clienti in difficoltà per stimolarne la capacità produttiva e recuperare i propri crediti. I titoli a tasso negativo possono anche essere emessi dalle banche per partecipare ad una nuova impresa e stimolare imprese esistenti.*

17. Quando il potere finanziario si sentirà attaccato dai Titan, non reagirà vietandoli o comunque impedendone il funzionamento e l'emissione? *E' molto difficile trovare una maniera per disinnescare il meccanismo dei Titan una volta innescato. Il fatto è che i Titan sono obbligazioni e vietare l'emissione di obbligazioni è impossibile, visto che esse rappresentano una quota consistente del mercato finanziario. Nemmeno è possibile tecnicamente vietare il tasso negativo, poiché il livello dei tassi è e deve rimanere una scelta insindacabile dell'emittente senza la quale il titolo perderebbe la propria caratteristica di strumento di mercato. Warren Buffett, che non è certo un rivoluzionario, ha effettuato nel 2002 un'emissione di* *obbligazioni gravate da un warrant negativo per finanziare il proprio fondo e nessuno ha trovato niente da ridire. Alla fine del 2002, inoltre, la Banca ABN Amro ha effettuato un prestito a tasso negativo in yen in favore della Société Générale, e anche su questa operazione nessuno ha sollevato obiezioni. Le motivazioni per entrambe le operazioni, erano profondamente diverse e lontanissime dagli obiettivi dei Titan, ma ovviamente, nessun legislatore può sanzionare le intenzioni degli operatori finanziari. Sul mercato, i Titan sono obbligazioni come altre con una particolare caratteristica che le contraddistingue dalle altre ma che saranno valutate per quello che effettivamente producono. Agli operatori finanziari non interessa il colore del gatto, ma che sia capace di prendere i topi. Certo è possibile che le FAZ si trovino sotto attacco del sistema, con ispezioni, inchieste e l'attivazione di tutti gli altri strumenti di repressione che il sistema sarà in grado di attivare. Ma questo avverrà solo quando le FAZ si saranno diffuse in modo tale da rappresentare un pericolo per il sistema di potere finanziario. Solo che in quel momento sarà troppo tardi riuscire a fermarle. Se la gente avrà scoperto che attraverso questo meccanismo si crea ricchezza vera, il potere non potrà fare più nulla. Esattamente come sta accadendo per la GPL. I tentativi del sistema di impedire la diffusione dei sistemi operativi sotto GPL falliscono uno dopo l'altro. Ora è troppo tardi per impedirne la vittoria, ed è solo una questione di tempo.*

ii. FAQ sulla FAZ - Financial Autonomous Zone

18. Che cos'è una FAZ (Zona di Autonomia Finanziaria)?

La FAZ è uno spazio, fisico e virtuale, costituito da rapporti giuridici, economici e sociali per la costruzione di un'economia senza l'accumulazione monetaria, fondata sul tasso negativo, sul Reddito di Cittadinanza e sulla partecipazione.

19. Che cos'è un'economia alternativa?

L'economia alternativa si fonda sui principi della partecipazione, della tutela della vita dei membri della FAZ, sul massimo sviluppo delle capacità produttive al fine di creare la maggiore ricchezza possibile. Questo comporta un'idea di ricchezza diversa da quella dell'economia classica e, conseguentemente, anche un'idea diversa di produzione. Per l'economia classica, è ricchezza tutto ciò che produce come effetto l'accumulazione di capitale monetario. La produzione è quindi finalizzata all'accumulazione di beni traducibili in moneta. Per l'economia alternativa, ricchezza è tutto ciò che è espresso dall'animo umano e che non importi distruzione. Essa è quindi finalizzata all'arricchimento dello spirito senza però rinunciare al benessere materiale.

20. **Per l'economia, la produzione consiste essenzialmente nel fare le cose, e lo stimolo a farle è dato dal guadagno. Se manca questo stimolo, perché la gente dovrebbe partecipare ad una FAZ?** *E chi ha detto che in un'economia alternativa debba necessariamente mancare lo stimolo del guadagno? L'obiettivo dell'economia alternativa è quello di impedire che l'aspirazione al guadagno si traduca in potere personale, e che i benefici che ciascuno riceve dalla propria attività, non debbano necessariamente passare attraverso l'incremento di potere personale. In altri termini, la FAZ vuole dimostrare che un'economia che si basa sulla solidarietà, sulla partecipazione e sull'orizzontalità, sia più conveniente di un'economia basata sull'egoismo, sull'esclusione e sulla gerarchia.*

21. **Però se qualcuno guadagna di più significa che altri avranno di meno. Non è questo il fondamento delle disuguaglianze sociali?** *Non necessariamente, almeno non è più così. Questo ragionamento ha un fondamento in un'economia in cui le risorse sono scarse e in cui la produzione è essenzialmente materiale. E' ovvio che quando si tratta di dividere una torta se la mia fetta è più grande, la fetta di altri sarà necessariamente più piccola. Ma l'economia non è più soltanto produzione e scambio di cose materiali. Oggi essa è divenuta prevalentemente, produzione di cose immateriali, rispetto alle quali il consumo ha cambiato natura. Non si possono infatti, consumare le cose immateriali, semmai se ne può fruire.*

Un'altra economia nasce in un contesto in cui le risorse non sono scarse ma almeno sufficienti. Non c'è bisogno di potere per gestire risorse alimentari sufficienti per tutti gli abitanti della terra. Questo è un fatto. Se c'è gente che ancora muore di fame dipende come abbiamo visto dal sistema finanziario. Le stesse imprese hanno interesse a che tutti possano acquistare i generi alimentari che esse producono. Il tasso negativo ci risparmierà l'orrendo spettacolo della fame e contemporaneamente della produzione che viene distrutta per mantenere il prezzo.

22. **E' vero che l'attuale sistema di produzione crea molti "oggetti", in senso materiale e immateriale, ma è anche vero che la maggior parte di essi sono inutili, diseducativi, a volte pericolosi e che inducono ad un iperconsumo acritico e insensato. Come si fa a riportare la produzione in un ambito ragionevole?** *L'irragionevolezza del consumo e della produzione dipendono*

dall'irragionevolezza dei presupposti della produzione. L'iperconsumo è frutto dell'iperproduzione e la scarsa qualità, ovvero l'inutilità, sono a loro volta, figlie dell'accumulazione monetaria. Si produce solo quello che rende soldi ed in misura maggiore di altre produzioni. La precedenza è data a quello che fa crescere il capitale il più velocemente possibile e con i rischi minori. Per questa ragione il punto nodale è fare in modo che il capitale monetario non abbia l'importanza che ha attualmente per determinare le scelte della produzione. Il che significa, come dicevamo sopra, dare una nuova definizione di ricchezza.

23. E allora che cos'è la ricchezza? *In un'economia capitalistica, la ricchezza coincide con l'accumulazione del capitale monetario. In un'economia alternativa, per usare la stessa immagine, la ricchezza coincide con l'accumulazione di umanità. Come sappiamo, la cultura ha un ruolo essenziale nella produzione di ricchezza. L'essenza non è nelle cose che producono o nelle cose prodotte, ma nella creatività, nelle idee che sono alla base della produzione e dell'organizzazione del lavoro. Possiamo allora definire ricchezza tutto ciò che nasce dallo spirito creativo dell'umanità e che non distrugga qualcosa. In altri termini, la ricchezza coincide in termini generali con la cultura ed un paese è tanto più ricco quanto i suoi abitanti sono più capaci di esprimere cultura ed essere creativi.*

24. Ma in realtà non è così, oggi la cultura è in senso generale la cenerentola della ricchezza. E' raro che fatti di cultura siano remunerati per il loro effettivo valore. Com'è possibile rovesciare questa situazione in breve tempo? *Non è questo il problema, non si tratta di stabilire un criterio diverso di remunerazione della cultura. Si rischia che poi sia premiata quella di gradimento del potere e allora forse, è meglio lasciare fare al mercato. Si tratta invece evitare che il fine della promozione della cultura sia il denaro, e questo è possibile solo impedendo l'accumulazione. Dobbiamo fare in modo che tutti possano esprimere la propria creatività, poi deve esser la gente a scegliere chi premiare. Ma questo assume un'importanza relativa, poiché il premio della creatività è in sé stessa.*

25. Senza il risparmio la gente non sarà più sicura poiché non può accumulare riserve per i momenti di crisi e quindi sarà costretta a fare sacrifici. E poi, senza il risparmio non ci possono essere investimenti poiché le imprese non saprebbero come recuperare il denaro di cui hanno bisogno. *A parte il fatto che il risparmio non si fa più, visto che il debito complessivo continua a crescere, gli investimenti non si basano più sul risparmio ma sul debito. La FAZ non richiede affatto che la gente faccia sacrifici, anzi. Lo scopo della FAZ è al* *contrario che la gente non sia più costretta a fare sacrifici, dato che le risorse non sono scarse e possono essere distribuite equamente in modo che tutti siano liberi. Quanto alla sicurezza, per quale ragione deve essere fondata su un risparmio in forma monetaria? Per quella sicurezza è più che sufficiente e garante il RdC. Se davvero dobbiamo garantirci contro il rischio di una carestia improvvisa ed imprevedibile, non sarebbe più logico accumulare scatolette di cibo piuttosto che soldi di carta che, in un'evenienza simile, certamente non varrebbero più nulla?*

26. Senza la possibilità di risparmiare la gente non sarà costretta a fare sacrifici? *L'assunto è la libertà di tutti, ma l'idea che per garantirla sia necessario sacrificarsi è propria del potere. Al contrario, la libertà di tutti comporta che ci sarà maggiore ricchezza, perché ci sarà maggiore creatività. Anche in questo senso possiamo dire che il grado di libertà di ciascuno sarà aumentato dall'incremento della libertà degli altri.*

iii.   FAQ in forma di dialoghetto

Studente: *Quanto devo pagare per entrare in una FAZ?*

FAZ: Assolutamente nulla, non si paga per aderire alla FAZ, tranne un piccolo costo iniziale per coprire le spese dell'associazione e della società sulle quali è articolata la FAZ.

Operatore finanziario: *Ma non devo acquistare i Titan per diventare socio?*

FAZ: No, non è questo il meccanismo di adesione alla FAZ. Anche se i Titan sono obbligazioni i soci non devono pagare per averle. Per aderire occorre semplicemente chiedere di diventare socio della società. Per questo ci sono delle minime spese per il notaio e per le imposte relative, di cui faremmo volentieri a meno se non ci fosse questo stato che tassa anche l'aria che respiriamo, ma non si tratta di somme che vanno alla società. Poi, una volta diventati soci, la FAZ apre il conto titoli a nome del nuovo socio e gli accredita subito una somma, presumibilmente 500 € e mensilmente la somma che sarà decisa a titolo di RdC.

Pensionato: *Non capisco. La FAZ mi accredita dei titoli anche se non faccio nulla?*

FAZ: Certamente. La FAZ accredita a tutti i nuovi soci una somma in Titan che il socio può utilizzare come vuole spendendola presso gli altri soci. Mensilmente, poi, gli accredita altre somme a titolo di RdC tutte utilizzabili nello stesso modo. I titoli sono assoggettati al tasso negativo, per cui conviene spenderli se non si vuole subire il deperimento delle somme ricevute. C'è comunque da tenere presente che il tasso negativo è in media del 5% e che quindi 1000 euro diventano in un anno 950 se non si spendono. L'accredito non è legato a nessun obbligo da parte del socio.

Casalinga: *Ma ci prendete in giro? E da dove arrivano questi soldi?*

FAZ: Assolutamente no, nessuna presa in giro. I soldi arrivano esattamente dallo stesso posto dal quale li fanno arrivare le banche, con la differenza che questi sono gestiti dalla comunità e non dal potere finanziario.

Studente: *I soci, quindi, non hanno nessun obbligo?*

FAZ: Non è così. Se l'accredito non comporta nessun obbligo, la partecipazione alla FAZ comporta l'assunzione di obblighi da parte dei soci. In pratica l'obbligo principale è quello di accettare in pagamento i Titan in cambio della propria prestazione.

Impiegato: *Questo significa che i soci sono obbligati a lavorare per la FAZ?*

FAZ: Assolutamente no! Nessuno deve essere obbligato a fare alcunché. Però il socio che sceglie di fornire proprie prestazioni all'interno della FAZ, il che significa verso altri soci della FAZ, deve accettare in pagamento i Titan.

Impiegato: *Ma allora io non posso essere socio della FAZ, visto che come impiegato non posso lavorare se non per lo Stato.*

FAZ: Non è vero, anche gli impiegati possono essere soci della FAZ, prendere il RdC e spenderlo come meglio gli aggrada. Il fatto che non lavoreranno nella FAZ comporta che non produrranno reddito da lì, ma il solo fatto che vivano e consumino è già una produzione di ricchezza. La FAZ realizza il principio per cui la vita è ricchezza in sé.

Operaio: *Chiunque, quindi, può essere socio di una FAZ?*

FAZ: Certamente, anche se in una fase iniziale le FAZ dovranno crescere in maniera equilibrata. Insomma, in una discoteca non ci possono essere due ballerini e cento disk Jockey, semmai il contrario. Le adesioni alla FAZ devono rispecchiare l'equilibrio della società italiana. Ovviamente, con un numero di partecipanti sufficientemente grande questo problema non si pone più.

Operaio: *Ma come può una FAZ creare tutta la ricchezza che è necessaria per mantenere anche quelli che non lavorano? La ricchezza che viene distribuita dalla FAZ, da chi è creata?*

FAZ: Se mettiamo la questione in questi termini, non possiamo nemmeno capire la ragione per cui un secolo fa il 90% della popolazione produttiva era contadina e lo stesso si moriva di fame, ed oggi con solo il 6% di contadini tutti hanno da mangiare nel oltre l'abbondanza. La ricchezza è creata dalla società, senza la quale le imprese, gli operai, i consumatori, gli operatori finanziari, insomma nessuno potrebbe creare un bel nulla. E' ovvio che qul prodotto specifico, che sia una bibita o un cuscinetto a sfera piuttosto che un film, è prodotto da un'azienda e che questa debba trarre dei vantaggi in forma di reddito dalla sua attività. Però deve essere chiaro che senza la società il film, la bibita e il cuscinetto a sfera non varrebbero proprio nulla. Impresa e società sono strettamente connesse e dipendono l'una dall'altra. In questo senso possiamo dire che alla creazione del cuscinetto a sfera contribuiscono in qualche modo anche la casalinga e il pensionato che non ne avranno mai bisogno. Il sapere sociale si è formato in quel determinato modo anche grazie a loro.

Imprenditore: *Che interesse ho ad entrare in una FAZ se la mia impresa deve distribuire, in pratica gratuitamente, tutto il prodotto del suo lavoro?*

FAZ: E chi l'ha detto che le imprese devono distribuire gratis i loro prodotti? Il sistema produttivo nel suo insieme deve prendere atto che senza la società esso non avrebbe alcun senso. Ma questo non significa che il loro prodotto debba essere regalato. Le imprese vendono i loro prodotti e sono pagate con i Titan all'interno della FAZ e fuori in euro, dollari, franchi o altre monete. Il fatto che un pensionato paghi un prodotto con i soldi della pensione che gli da lo Stato, soldi che non vengono da un lavoro immediato del pensionato, non significa che le imprese distribuiscano gratis il prodotto. La FAZ distribuisce RdC ai suoi soci e questi con quelle somme comprano, così come comprano i pensionati. Sul piano fattuale le due cose non sono molto distanti. Lo sono sul piano concettuale, visto che con il RdC le persone sono molto più libere.

196

Imprenditore: *Ho capito, ma non riesco lo stesso a vedere la ragione per cui dovrei accettare Titan ed assoggettarmi alla perdita di valore del denaro. Questo certamente non mi conviene farlo.*

FAZ: Invece, noi crediamo che alle imprese convenga entrare nelle FAZ, e almeno per due ragioni. La prima è che per rifornirsi di capitale la maggior parte delle imprese ricorre alle banche, e questo comporta costi elevati. In una FAZ Le imprese possono ottenere il capitale che gli serve senza alcun onere finanziario.

La seconda ragione è che la grande maggioranza delle imprese sta in sovrapproduzione, ed è quindi costretta a praticare sconti elevati per cercare di vendere poiché ci sono pochi acquirenti in giro. Ebbene, per un'impresa la FAZ è un mercato al pari degli altri in cui il mezzo di pagamento perde il 5% del proprio valore nominale ogni anno. Però, nel corso dell'anno chi ha venduto in Titan potrà ben acquistare prodotti e servizi in Titan visto che i soci si sono impegnati ad accettarli come mezzo di pagamento. Quante aziende vendono con sconti del 20%, del 30%, o anche superiori alla ricerca di acquirenti? Questi sconti equivalgono a tenere nel cassetto i Titan per quattro o sei anni. Vi pare possibile non riuscire a spendere in una FAZ i Titan in tutto questo tempo?

Operaio: *Questo meccanismo evidentemente favorisce le imprese e i padroni. Non finirà quindi per penalizzare le classi lavoratrici e quelle più deboli rendendoli ancora più succubi del potere della borghesia?*

FAZ: Non è questo il problema. Tutti saranno favoriti da questa rivoluzione, tranne i detentori del potere finanziario. Deve essere chiaro che è il potere finanziario quello che penalizza il sistema produttivo, i cittadini e lo Stato. I vantaggi per le imprese sono un vantaggio per tutti visto che da esse dipende la produzione. Allo stesso tempo, però, il RdC dà a tutti i cittadini la libertà di scegliere il lavoro e una forza contrattuale sulle condizioni del lavoro come mai nella storia. Soprattutto questo sistema non genera potere, visto che tra l'altro, si fonda sulla partecipazione dei cittadini alle scelte di produzione.

Cococo: *Con il RdC molti non vorranno più lavorare. Questo non provocherà una crisi e alla fine una contrazione dell'offerta di lavoro?*

FAZ: E perché mai? Le imprese producono finché c'è domanda dei loro prodotti. Oltretutto in una FAZ la domanda è sollecitata dagli stessi consumatori che indirizzano grosso modo la produzione di beni di consumo con scelte che nella FAZ possono diventare consapevoli e responsabili. Quindi se le imprese continuano a produrre ed hanno l'opportunità di diversificare facilmente i propri investimenti, le opportunità di lavoro si moltiplicheranno e i lavoratori avranno una maggiore forza contrattuale per ottenere condizioni di lavoro migliori e remunerazioni effettivamente adeguate. E poi è ora di finirla di considerare il lavoro come una merce, concetto davvero ripugnante per chiunque pensi in termini di umanità. Mettiamola in questi termini: in una società umana, tutte le attività umane sono considerate lavoro, compreso il dormire e l'andare a spasso sulla spiaggia. Per tutti i cittadini questo lavoro è remunerato almeno con il minimo indispensabile per vivere. Altri riusciranno (o cercheranno) ad ottenere dal loro lavoro una remunerazione aggiuntiva, ad esempio perché il loro è un lavoro particolarmente penoso o difficile. Le differenze devono pur esserci, altrimenti nessuno vorrebbe fare lavori penosi o pericolosi se tutti prendessero in pratica la stessa remunerazione. Quello che conta, è che gli uomini siano messi nella possibilità di scegliere che cosa fare della propria vita. Questa è l'essenza della libertà.

Operaio: *Non è possibile che tutti traggano un vantaggio da una rivoluzione, ci sarà ben qualcuno che ne pagherà le conseguenze. Chi sono questi?*

FAZ: In una società che ha risorse limitate la rivoluzione consiste nel prendere a chi ha troppo e dare a chi non ha nulla o quasi. In una società che produce in misura illimitata, ovvero al di sopra delle proprie necessità, com'è la nostra, il problema della divisione delle risorse non si pone se non in termini di puro potere. Per questo è necessario attaccare alla fonte il potere finanziario. Comunque, quelli che hanno un grande capitale in forma monetaria o in strumenti finanziari probabilmente non saranno felici di questo cambiamento. Ma ne soffriranno soprattutto quelli che gestiscono il potere del debito che è il vero nemico delle FAZ, insomma banche e finanziarie.

Operatore finanziario: *In altri termini saremo noi a rimetterci l'osso del collo e dovremo cambiare mestiere.*

FAZ: No, non vedo per quale ragione un operatore finanziario debba cambiare mestiere. Com'è noto si può benissimo guadagnare sia su titoli che salgono che su titoli che scendono. I Titan sono titoli che scendono per loro natura ma avranno comunque un mercato. Ci rimettono quelli che non operano con la finanza o non rischiano con le imprese ma solo per il fatto di avere grandi capitali ne prendono passivamente i frutti. C'è una bella differenza tra un operatore finanziario e un redditiero.

Studente: *Se tutti saranno costretti a spendere i Titan, in una FAZ il consumo sarà spinto al massimo. Non è già esasperata questa tenenza a consumare e non è per essa che è stata costruita la società dello spettacolo, con tutti i guasti che questa comporta?*

FAZ: In una FAZ le imprese non hanno la necessità di crescere all'infinito se vogliono sopravvivere, come accade nell'economia del debito. E' quello il vero motore della follia consumistica, se le imprese potessero produrre in misura equilibrata ed avere lo stesso un guadagno lo farebbero, ma questo oggi non è possibile, chi non cresce sempre è condannato al fallimento, poiché solo crescendo si possono pagare gli interessi su un debito che continua ad aumentare. D'altra parte in una FAZ le scelte di consumo sono indirizzate dagli stessi consumatori attraverso la partecipazione e quindi l'enorme apparato pubblicitario che è alla base della società dello spettacolo perderà la sua principale ragione di esistere. Questo non significa la scomparsa della pubblicità, poiché le imprese saranno sempre in concorrenza tra loro e i prodotti dovranno pur essere presentati alla gente. Il fatto che una FAZ decida di promuovere un prodotto non significa che tutto il mondo automaticamente lo sappia. Però una cosa è la pubblicità come strumento di conoscenza altra cosa è la pubblicità come induzione all'acquisto.

Cococo: *Un precario come me che opportunità ha in una FAZ? E poi è necessario pagare le tasse allo Stato?*

FAZ: Poiché tutti prenderanno il RdC i precari saranno quelli che trarranno certamente un grande beneficio e potranno scegliersi l'attività che più gli aggrada. Quanto alle tasse, le attività di una FAZ non ne sono esenti a meno che non si considerino certe prestazioni come dono e non come lavoro vero e proprio, al pari di quanto avviene per le banche del tempo. Ma questo è possibile solo se l'attività è marginale rispetto alla fonte di reddito principale. Peraltro, se una FAZ fosse costituita a livello locale coinvolgendo il Comune, le tasse di questo potrebbero essere coperte dal tasso negativo, sgravando la popolazione di quell'area. Inoltre è difficile stabilire che una prestazione pagata in Titan possa avere un "valore aggiunto" visto che i Titan per definizione non hanno valore nel tempo. Infine, in un paese in cui fossero state costituite un numero congruo di FAZ queste potrebbero costituirsi in partito per decidere di abolire l'attuale sistema fiscale e passare al tasso negativo a livello nazionale. In ogni caso, anche se si pagano le tasse a questo stato i vantaggi della FAZ sono evidenti per il solo fatto di non pagare interessi alle banche e per non creare debito.

Prezzo: € 18,00 IVA inclusa